はじめての輪針

ぐるぐる編めばできる
ウォーマーから手袋まで

越膳夕香

X-Knowledge

輪針でぐるぐる「ながら編み」のすすめ

寒さ厳しい雪国で生まれ育ったので、昔から
冬の小物を自分で編む習慣はありましたが
どちらかというと、凝ったものを作るよりも
手早く編んで、すぐ身につけたいほうでした。
そんな私にとって、筒状の編み地を作れる
輪針は、とても魅力的な道具。
筒を組み合わせるといろいろなものが作れます。

最初にきちんと目を数えて作り目しておけば
寸胴な筒の部分は、ぐるぐる繰り返すだけ。
シンプルな編み地なら、少し慣れれば
編み図も手元も見ずに編めるようになります。
何かを観ながら、読みながら
誰かとお喋りしながら、旅をしながら
手を動かしているうちに編み進められるのです。

輪針なら、編みかけの目を落とす心配もなく
コンパクトに持ち運びができますし
乗り物の中でも周囲の迷惑にならずに編めます。
実際に、この本の作品のいくつかは
故郷の北海道で、JR石北本線の普通列車に乗って
車窓の雪景色を眺めながら編みました。
列車に揺られて編み物するのも楽しい時間ですよ。

好きな毛糸と、輪針を1本手に取ったら
首や手首やお腹や足首のウォーマーを
ぐるぐる編みながら、心も一緒に温めて
素敵なウィンターシーズンを過ごしてください。

越膳夕香

長い 輪針はじめまして

輪針とは、2本の棒針の端が
コードでつながった編み針のこと。
最初から輪に編んでいくため
筒状にするための「とじ」「はぎ」は
必要ありません。

手首や足首につけるウォーマー
スヌードや腹巻なども
ぐるぐる編むだけでできあがります。

また、編み地の表裏を返せば
棒針と同様に往復編みもできるので
これを組み合わせると
いろいろなアイテムを作ることができます。

中でも、長めのコードがついた
輪針を使う
「マジックループ」という方法なら
大きなものから小さなものまで
1本の針で編めてしまいます。
トップで減らし目をするようなときでも
同じ針で最後まで編めます。

これは、昔に比べて、輪針のコードが
細くしなやかに改良されたおかげで
できるようになった技法。

針とコードを付け替えるタイプの
セットもありますが
もし、これから輪針を1本買うのであれば
編みたい糸の太さに合う号数の
長い輪針を選ぶといいですよ。

> 長い輪針を
> 使わず筒状に
> 編む方法も

「 4本または5本針で編む 」 「 ぴったりサイズの輪針を使う 」

4本または5本の針を使って、目数を分け、針を移しながら編む方法。トップで減らし目をするときや、部分的に目を休ませるときなど便利な場合もありますが、針と針の間で渡り糸が緩まないように気をつけなければいけません。また、各針の両端で編みかけの目が外れてしまうリスクがあるため、棒針キャップ（P.60）を使うなどの工夫が必要になります。

帽子なら40cm、セーターなら80cmなど、編み地幅に合う長さのコードがついた輪針があれば、筒状のものはスムーズに編めます。でも、減らし目して絞るときなどは左のように複数の針に分けないと最後まで編むことはできません。また、使う糸や編むアイテムによって、太さ（号数）と長さの組み合わせでたくさんのバリエーションが必要になります。

STEP 1
筒に編む
だけのもの

01
きほんの
リストウォーマー
p.9

02
カシミヤの
ネックウォーマー
p.10

03
バイカラーの2way腹巻
p.11

04
シンプルな
レッグウォーマー
p.12

05
2種類の糸で編む
ブーツカバー
p.12

STEP 2
筒に編む＋
絞る、はぐ

06
トップを絞るだけの
ポンポンつきキャップ
p.15

07
ゆったり羽織れる
マーガレット
p.17

08
猫耳帽子と
リストウォーマー
p.18

09
革持ち手つき
フラットバッグ
p.19

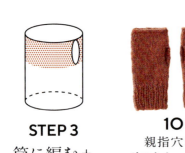

STEP 3
筒に編む＋
往復に編む

10
親指穴あき
リストウォーマー
p.21

11
イヤーウォーマー
にもなるヘアバンド
p.22

12
ボートネックのベスト
p.23

13
首から上を温める
カグール
p.24

14
往復編みの
ロングスヌード
p.26

STEP 4
筒に編む＋
増し目、減らし目

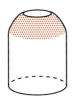

15
トップを減らし目して
絞る帽子
p.29

16
増やして減らして
ベレー帽
p.30

17
腹巻スカート
p.31

18
重ね履きしたい
ルームソックス
p.32

19
足首あったか
トレンカソックス
p.32

20
ポンポンつき
ルームシューズ
p.34

21
紐つきミトン
p.35

22
手首長めの
5本指手袋
p.37

23
指先オープンの
5本指手袋
p.37

24
手袋の要領で、
あみぐるみ
p.38

25
指輪
p.38

作品のテクニックと
編み方
p.39

撮影○田村昌裕
スタイリング○岡尾美代子
ヘアメイク○茅根裕己
ブックデザイン○葉田いづみ

DTP○天龍社
作り方イラスト○森田佳子
印刷○TOPPANクロレ

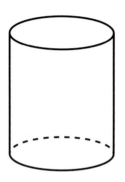

STEP 1

筒に編むだけのもの

輪針がはじめての方は、
まず、筒状に編むだけでできるものを
作ってみましょう。
筒の直径と長さを変えれば、
いろいろなアイテムができます。

WRIST WARMERS

01

how to p.63

きほんのリストウォーマー

はじめての輪針に、手首や手の甲をあたたかく覆うウォーマーを。指先が空いているため、つけたまま手作業ができます。

NECK WARMER

02

カシミヤのネックウォーマー

筒状の編み地を二つ折りにしたネックウォーマー。肌触りがよく温かいカシミヤ糸を使っています。編み地は、1目ゴム編みと2目ゴム編みのミックス。

how to p.64

BELLY BAND

03

バイカラーの2way腹巻

腹巻も筒に編むだけでできるアイテム。ビビッドな2色を上下で切り替えているため、重ね着感覚で差し色に使える「見せ腹巻」にもなります。

how to p.65

LEG WARMERS / BOOT COVERS

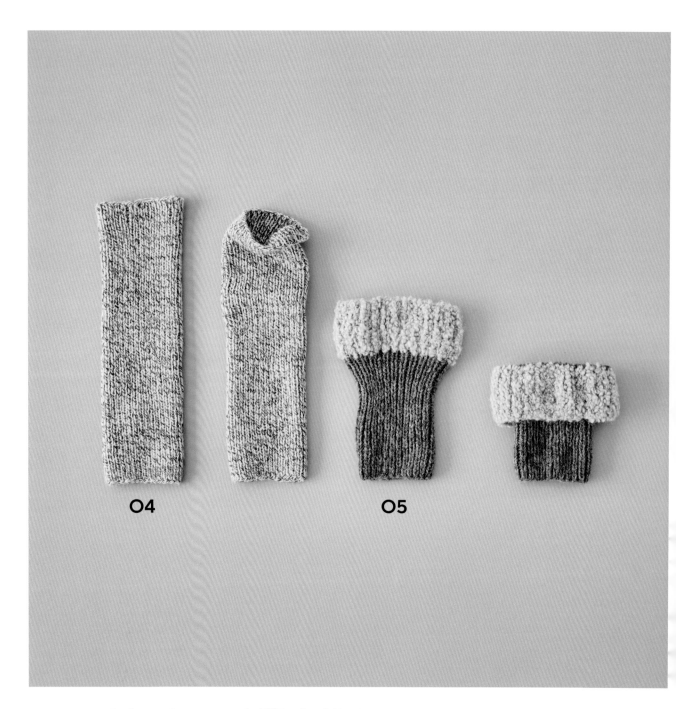

04

05

シンプルなレッグウォーマー／2種類の糸で編むブーツカバー

筒に編む長さをロング丈にすればレッグウォーマー、ショート丈にすればブーツカバーに。ブーツカバーの上部はファーヤーンを使っているため、同じ目数でもボリュームが出ます。

how to p.66, 67

ブーツカバーは、ブーツの上に重ねても中にインしても
OK。ブーツの中に雪や雨が入るのを防ぎます。。ファ
ー部分を折り返せば（左ページ）、また表情が変わります。

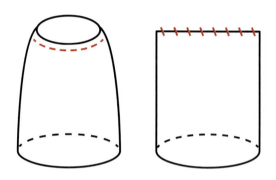

STEP 2

筒に編む＋絞る、はぐ

筒に編んだ編み地のあき口を
絞ったり、はぎ合わせてとじる。
そのひと手間でシンプルな筒の形が変わり、
帽子やウエアになります。

KNIT CAP

06

how to p.68

トップを絞るだけのポンポンつきキャップ

筒状に編んでトップを絞るだけ。ポンポンをつければ多少の難も隠せる。たっぷりサイズなので、北風が冷たい日でも耳まですっぽり。

肘から先が自由なので、カーディガンの袖をまくる
よりもスマートで、家事をするときの温かい味方。

MARGARET BOLERO

07

ゆったり羽織れるマーガレット

大きな筒を編み、腕を出す部分を残してはいだ
だけ。太めのモヘヤ糸なので、すいすい編めて、
背中と肩をふんわり軽く包んでくれる。

how to p.69

CAT CAP & WRIST WARMERS

08

猫耳帽子とリストウォーマー

筒状に編み、トップをはいで袋状にすると猫耳帽子に。グレーのボーダーで猫感アップ。リストウォーマーは、鎖編みの紐で親指穴を。

how to p.70

FLAT BAG

09

革持ち手つきフラットバッグ

袋状に仕上げたものに革持ち手をつければ、
バッグができる。編み地の市松状の模様は、
2目ゴム編みの簡単なアレンジ。

how to p.072

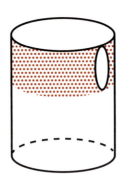

STEP 3

筒に編む＋往復に編む

一方向に編む筒状の編み地に
行ったり来たりしながら編む往復編みを
組合せてみる。
指や腕を出す穴を作ったり、
編み地の表情に変化をつけられます。

WRIST WARMERS

10

how to p.73

親指穴あきリストウォーマー

途中で数段の往復編みを挟むことで親指穴が作れる。5本の指先が自由に動かせるので、デスクワークの冷え対策にもおすすめ。

HAIR BAND

11

イヤーウォーマーにもなるヘアバンド

中途半端な髪をまとめるのに便利なヘアバンド。寒い季節には、後頭部や耳を温める防寒グッズとしても役立ってくれる。

how to p.74

VEST

12

how to p.76

ボートネックのベスト

増し目も減らし目もなしで編める、前後同形の簡単ベスト。袖ぐりの部分は、往復に編みながら端だけガーター編みすると、1目ゴム編み風に。

CAGOULE

13

首から上を温めるカグール

フードつきネックウォーマーのような形のカグール。途中まで筒状に編んで、顔を出す部分を往復編みにし、メリヤスはぎで仕上げるだけ。

how to p.75

フードを脱ぐと、首回りを温めてくれる
スヌード代わりにもなる。

SNOOD

14

往復編みのロングスヌード

このループヤーンは、ガーター編みにしたときの編み地の表情がよかったので、輪編みではなく往復編みに。輪針の往復編みは目を落とすリスクが少ないので慣れると快適。

how to p.78

ふわふわのループヤーンは手触りもやさしい。
折り返したり、ねじったりアレンジも自在。

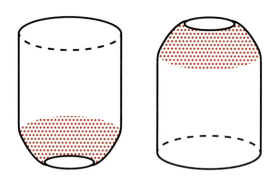

STEP 4

筒に編む＋増し目、減らし目

筒に編む編み地の目数を
増やしたり、減らしたり。
別糸を編み込んでおいて
そこに編み地を足したり。
ちょっとしたテクニックを覚えると
上級者向けのアイテムも作れます。

KNIT CAP

15

how to p.79

トップを減らし目して絞る帽子

トップで数段だけ減らし目をすれば、目数が多い場合でもすっきり絞れる。てっぺんには２色ミックスのポンポンをつけて。（手袋は作品23）

BERET

16

増やして減らしてベレー帽

頭周りから編み始め、増し目で広げて減らし目ですぼめて、頭頂部で編み終わり。ネップの入った糸でトラッドテイストのベレーに。

how to p.80

SKIRT

17

腹巻スカート

腹巻とスカートをドッキングした、お腹から
お尻周りの最強防寒アイテム。腹巻部分とス
カート部分の長さの比率を変えてみても。

how to p.82

STIRRUP LEGGINGS / SOCKS

18　　　　**19**

重ね履きしたいルームソックス／足首あったかトレンカソックス

靴下（左）とトレンカ（右）。トレンカにつま先とかかとをプラスした形の靴下は、傷んだらつま先とかかとだけ編み直すことも可能。つま先とかかとがオープンで足首を温めてくれるトレンカは、かかとに引っ掛けて履くので安定感がある。

how to p.83, 85

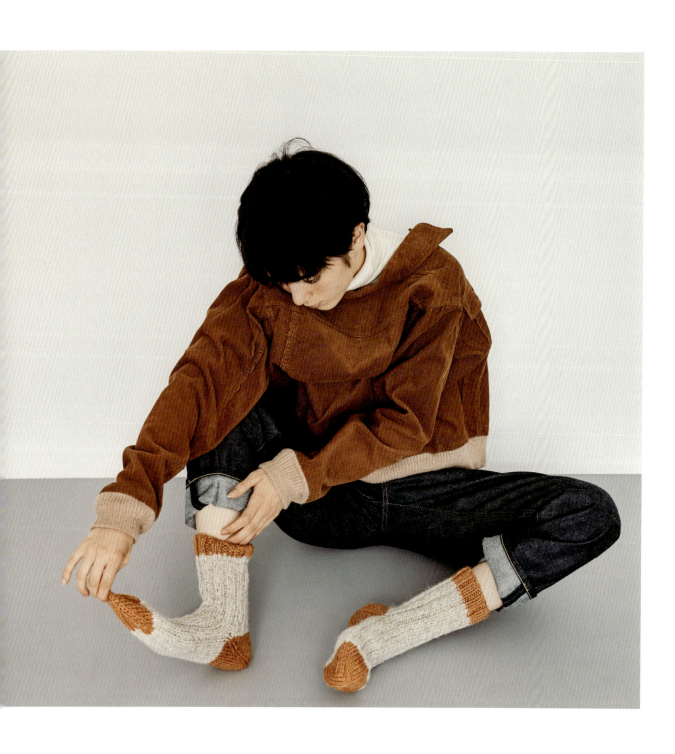

太めの糸だから、はじめてでも編みやすい。
ゆとりがあるので、靴下やタイツの上から重
ね履きして、ルームソックスとして使いたい。

ROOM SHOES

20

ポンポンつきルームシューズ

往復のガーター編みから始めて筒状のメリヤス編みに移り、つま先に向かって減らし目をして、はいで仕上げ。形にするのが楽しいルームシューズ。

how to p.86

MITTENS

21

how to p.88

紐つきミトン

コートの袖に通したまま脱いでぶら下げておける紐つき手袋は、片方をなくしがちな人も安心。目が不揃いでも目立たず、独特な表情を楽しめるスラブヤーンで。

指先を開けた親指と人さし指も長さは変えずに。使わないときは指先まですっぽり覆うことができる。

GLOVES

22 23

手首長めの5本指手袋／指先オープンの5本指手袋
難しそうに見える5本指の手袋（左）も、じつは単純な筒の組み合わせ。自分の各指の長さにぴったり合わせて作れるからフィット感抜群。親指と人さし指だけ先端を絞らずオープンに仕上げた5本指手袋（右）。必要な指先だけ開けて、自分好みにカスタマイズを。

how to p.90, 92

KNITTED TOY / RING

手袋の要領で、あみぐるみ／指輪

手袋を編むのと同じ要領で作れるあみぐるみ。つまりこれも
筒の組み合わせでできている。しっぽにはワイヤー入り。首
輪と鈴は、かぎ針編み。指輪は、身につけられる最も小さな筒。

how to p.87, 93

作品のテクニック
と
編み方

きほんの道具

これだけあれば編み始められる

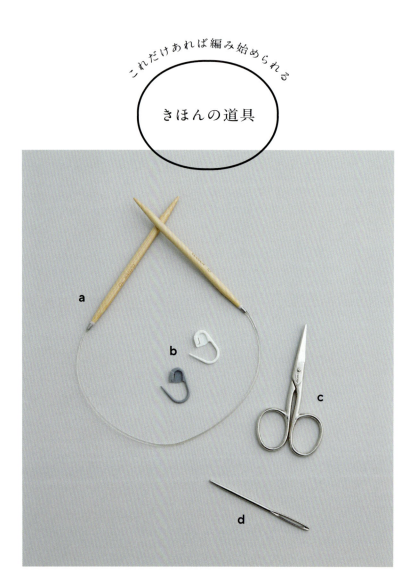

a 輪針
40cm、60cm、80cmなどの長さと、針の太さ（号数）組み合わせのバリエーションがある。付け替えできるタイプもあり。すべてのサイズを揃えなくても、80cmがあれば、本書の作品が作れます。／クロバー「匠」輪針

c 糸切りばさみ
糸始末用に小ぶりなはさみがあると便利。

b マーカー
小さいながらも編み物の必需品。ロック式のタイプなら、目数を数えるときにはロックしてリング状にしたものを針に通し、段数を数えるときには編み地に引っ掛けてロックすれば外れる心配なく使える。／CLOVER LABO　段数マーカー〈グレー〉〈アイボリー〉

d とじ針
編み物用のとじ針は、先が丸くなっているのが特徴。糸の太さに合わせて用意したい。

a～d／クロバー株式会社

本書で使用する輪針の最長は80cm。細くしなやかなコードのため、38ページの指輪のようなきわめて小さなサイズの作品も編むことができます。

応用作品では、かぎ針を使うこともあります。42ページからのテクニックでも使い方を紹介しています。

作品に必要なテクニック

p.9「01 きほんのリストウォーマー」の場合

どこから編むのか？どんな工程で作るのか？
作品作りに必要なテクニックを覚えましょう。
右の作品では、1〜3の順に、
次のような手順で作ります。
各テクニックは42〜60ページで解説しています。
（テクニックで使用した糸は、糸雲／メルヘンアート株式会社）

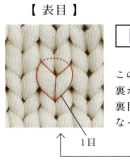

〈3〉仕上げ

糸がほどけないように、
目を止めます。

（Technique）止め方

〈2〉本体を編む

下から上に向かって輪に編みます。
編み地は2種類で、下部は伸縮性
のある1目ゴム編み（p.47）、上部
はメリヤス編み（p.47）で編んで
います。

（Technique）輪編み

（Technique）編み方

〈1〉作り目

ここから編み始めます。

（Technique）作り目

編み地の最小単位は「目」

編み地において最小単位となるのは「目」で次のような記号で表します。目は基本的に「表目」と「裏目」の2種類あり、この組み合わせによって、さまざまな編み地ができます。

【 表目 】

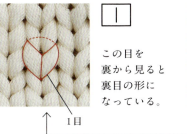

この目を
裏から見ると
裏目の形に
なっている。

↑
1目

【 裏目 】

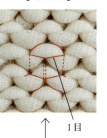

この目を
裏から見ると
表目の形に
なっている。

↑
1目

同じ目の表裏でもある

右側タブ：作り目／輪編み・往復編み／編み方／拾い目／止め方／はぎ方／応用・Q&A

41

Technique 作り目 （編み始めに必要な最初の目の作り方）

糸端側
（編み地幅の3.5倍）

親指と人さし指にかけてから中指～小指を握る

1

人さし指と親指の間の糸

糸端側は編み地の3.5倍程度残し、2本の針先を揃えて持ち、針先を向こうに向けて手前から糸に当てる。

2

針先を手前に向けることで、ねじり目☆がひとつできる。輪にしたときの段差をなくすためのおまけの1ループになる。

3

左手の手首を返して手の平を上に向け、親指の外側の糸を下からすくう。

4

人さし指の糸をすくって、親指側の輪にくぐらせる。

5

親指の糸をはずし、糸を引き締める。

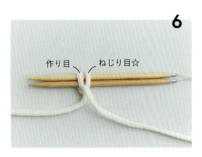

6

作り目　ねじり目☆

1～2で作った最初のねじり目☆の左に、作り目が1目できたところ。

7

針のループの数＝目数になる
ねじり目のループは数えない

3～5を繰り返して必要な目数を作る。写真は24目の作り目＋☆1目。この作り目を1段めと数える。

Point

ここでは同じ太さの輪針2本を使って作り目をしているが、1本を少し細い針に替えたり、1本だけで作り目する場合もある（p.62）。

針と糸の持ち方

作り目ができたあと、輪針で編むときは、糸と針を次のように持つ。

（糸）

糸端を持ち、左手の甲側から小指と薬指の間に挟んで（小指にひと巻きしてもいい）、人さし指にかける。

（針）

針をそれぞれ右手と左手の指先で軽く持ち、針先をハの字に構える。左手の人さし指を立て、糸のテンションを調節する。

◎別糸の作り目…あとでほどける作り目

1
42ページ下のように、左手に糸をかけ、糸端から10cmくらいのところにかぎ針を当てる。

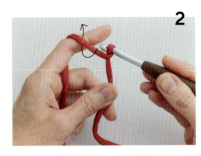

2
針先を手前に回してひねったところ。次に矢印のように糸をかける。

3
針先に糸をかけたら、ループの中をくぐらせて引き出す。

4
糸を引き締める。これは土台の目で、次からが作り目になる。

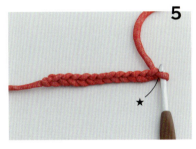

5
3と同様糸をかけて引き出すことを繰り返し、くさり編みを必要目数分編む。

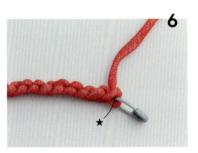

6
編み終えたら、ほどけないよう最後の目の針のループ★にマーカーなどをつけておく。

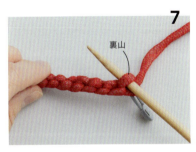

7
最後の目のくさりの裏山に輪針の針先を入れる。

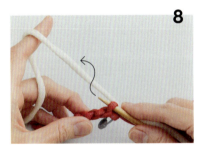

8
編む糸を針先にかけて、裏山をくぐらせて引き出す。

9
裏山から1目引き出したところ。

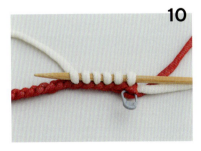

10
同様にして必要目数分を針にかけていき、別糸の作り目の完成。

【別糸のほどき方】

1
くさりの作り目をゆっくり引いてほどきながら輪針で目を拾っていく。

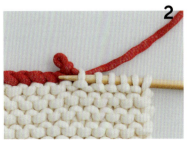

2
先に針を入れてから作り目をほどくと目を落とさずに済む。

 別糸は、編み地幅の3倍程度の長さで用意。同じくらいの太さで滑りのよい糸がおすすめ。

Technique 輪編み・往復編み （筒状に編む輪編み、平らに編む往復編みのやり方）

◎輪編み（マジックループ）…つねに表を見て編む

1

必要な数の作り目（p.42）をしたら、作り目を押さえて針を1本だけ抜き、1本の針に目がかかっている状態にする。次に途中の適当な場所からコードを引き出す。

2

両方の針先を押さえて目数をざっくり三分割し、2か所で目の間からコードを引き出し、☆側の目を1で抜いた針に戻す。

3
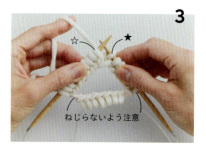
作り目の最初の目☆側を左手に、最後の目★側を右手に持ち、三角に構える。

4

左の針先を最後の作り目★の手前側に入れる。次に右の針先を、左の針先の下を通るように手前に持ってきて、ねじり目☆を下からすくう。

5

右の針で☆をすくったところ。左の針から★を外す。

6

最後の目★が右の針に移る。☆と★が1目になり、作り目24目が針にかかった状態になる。これにより、輪にしたときの段差がなくなる。

7

ここから、2段めの1目めを編み始める。作り目の最初の目と最後の目の間にマーカーを入れておく。

8

右の針で左の針にかかっている1目めを編む（写真は表目→p.46）。

9

同様にして、マーカーまで1周編み、2段めの完成（作り目が1段めとなる）。繰り返して、必要な段数を編む。

マジックループはコードの引き出し方が大事

針にかかっている目を3つに分けると、シームレスに編み進められる。目と目の間が空かないように、次のようにコードを引き出すのがコツ。

1
編んだ目が右の針にたくさん溜まり、左の針にかかっている目が残り3目くらいになったところ（左の針の目を編みきってしまわないこと）。●(残り3目)

2
右の針に溜まった目を3〜5目（目数が多いものはもっと多くてOK）残し、目の間からコードを引き出す。○(3〜5目残す)

3
コードに溜まった目を送って、左の針に移し、適当な場所でコードを引き出す。送った目●

4
上から見たところ。常にコードを2か所で引き出して、三角形になるようにする。● ○

5
1周して、マーカーを右の針へ移し、次の段を同じ要領で編む。目と目の間隔が空かないように、目を移動する目安となる●○の目数は、毎回ランダムでOK。

◎往復編み…毎段、表と裏を交互に見て編む

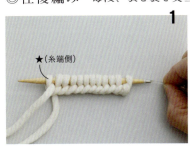

1
作り目（p.42）を終えたところ。写真は12目の作り目。往復編みの場合は、輪編みのように輪にしたときの段差をなくすためにねじり目☆で1目多く作り目する必要はない。★(糸端側)

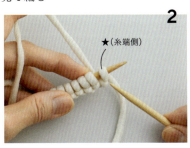

2
裏返して、作り目の最後の目が右にくるようにして左手で持ち、右手の針で編んでいく。★(糸端側)

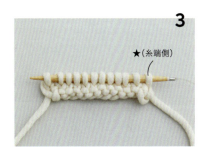

3
表面で1段編んだところ。同様にして1段編むごとに裏返して往復に編む。メリヤス編みは表目と裏目を1段ごとに繰り返す。ガーター編みは毎段表目で編む。★(糸端側)

針は糸の下
ねじらず親指からすくう

輪編み・往復編み

Memo 輪針で往復編みすると、目数が多いときも目を落とす心配がなく、持ち運ぶのにも便利。

Technique 編み方 （表目と裏目、減らし目、増し目の仕方）

│【表目】

1

2　針が奥

3

糸を編み地の向こう側に置き、右針を左の目に手前から奥に入れる。

糸をかけてループから引き出す。

左針から目を外して右に移す。右針に表目が1目編めた。

─【裏目】

4

5　針が手前

6

糸を編み地の手前側に置き、右針を左の目に向こうから手前に入れる。

そのまま糸をかけてループから引き出す。

左針から目を外して右に移す。右針に裏編みが1目編めた。

入【減らし目】（表目の右上2目一度）

1

2

3

糸を編み地の向こう側に置き、右針を、左針の目に手前から奥に入れる。

そのまま編まずに右針に移す。

次の目を表目で編む。

4

5

編まずに移した目に左針を入れる。

編まずに移した目を編んだ目にかぶせる。右上2目一度が編めた。

⋏ 【減らし目】（表目の左上2目一度）

1. 糸を編み地の向こう側に置き、右針を、左針の2目に手前から入れる。

2. 2目を一度に表目で編む。

3. 左上2目一度が編めた。

⋓ 【増し目】（巻き目で増す）

1. 左手の糸を右針ですくい、右針にかける。

2. 糸を引いて締める。

3. 右針に糸が巻きつき、1目増えている。続きは普通に表目を編み、次の段は巻き目の上に表目を編む。

ℚ 【増し目】（ねじり目で増す）

1. 前段の目と目の間の渡り糸を右針で向こうからすくって引き上げる。

2. 引き上げた糸を左針にかける。

3. 左針にかけた糸に、右針を向こう側から入れて表目を編む。

4. ねじり目が編めたところ。1段下の目がねじれて、1目増えている。

増し目の位置にはマーカーを

例えば8か所で増し目をする場合、あらかじめ目数を8等分してマーカーをつけておくとよい。

> Memo　増し目のときに糸をねじることによって、編み地に穴があくのを防ぐことができる。

編み方

◎「表目」と「裏目」でできる編み地と記号

【 メリヤス編み 】

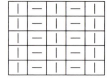

表目だけでできた編み地。

段の数え方

目を1列に編むと「段」になり、作り目から1段めと数えます。

【 1目ゴム編み 】

表目と裏目を1目ずつ交互に編んだ編み地。

【 2目ゴム編み 】

表目と裏目を2目ずつ交互に編んだ編み地。

【 ガーター編み 】

表目と裏目が1段ずつ交互になった編み地、往復編みの場合はずっと表目で編む。

◎編み方のレッスン

【糸の替え方】

配色を替えるときや、途中で糸がなくなったとき、次のように糸を替えます。途中で糸がなくなったときは、糸端を10cm程度残しておき、新しい糸に替えましょう。糸の結び目が出てきたときも、結び目はほどけば糸端のため、そのまま編まずに結び目の前後を10cm程残して編みましょう。

新しい糸（糸端は10cm程度残す）を持ち、そのまま編む。

1目編めたところ。新しい糸に替わった。もとの糸や新しい糸の糸端は、最後に糸始末する（下の段）。

【糸の始末の仕方】

輪針でぐるりと編んだ編み終わりは、伏せどめした頭のくさりがつながるように糸をくぐらせ（p.50）てから、糸端を次のように始末します。

糸端をとじ針に通し、編み地の裏側で表にひびかないように、編み目にそって糸端をくぐらせる。

数目くぐらせたら、余った糸端はきわでカットする。

【糸のループが逆になっていないか注意】

針の入れ方を間違えたり、落とした目を針に戻したら、針にかかっているループが逆になることがあります。その場合は正しい向きに直しましょう。

▲針にかかっているループの左側の糸が針の手前にある、これは間違い。

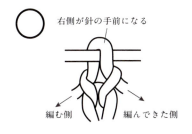

間違った目を一旦、左の針に移し替え（左）、正しい向きにして右の針に戻す（右）。ループの右側の糸が手前になった。

> Technique　拾い目　（編み地から目を編み出す方法）

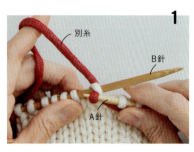

別糸を編み込む位置まで編んだら、別糸に替えて（p.49）表目で編む。

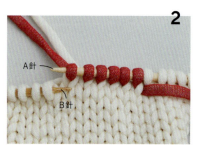

別糸で指定の目数（写真は6目）を編んだところ。

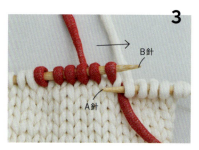

左針（B針）で、いま編んだ別糸を1目ずつ拾いながら、スタート位置まで戻る。

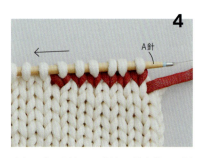

もとの糸に戻して、別糸の目を拾って編んだところ。

そのまま編み進め、必要な段数を編む。

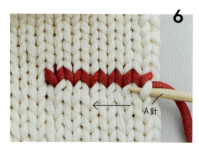

別糸の両側の目を針で拾う。目の表裏（p.49）に気をつけて、別糸の下の目の右側をA針ですくっていく。

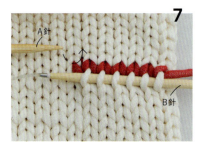

別糸の下の目を6目拾い終え、そのままB針に移したところ。続いて、A針の針先で別糸の上の目を拾う。

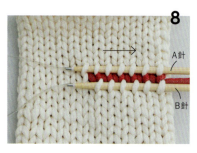

上の7目を拾ったところ。上側はシンカーループ（下のイラスト／目と目の間の下向きのループ）のため半目ずれて、1目多くなる。

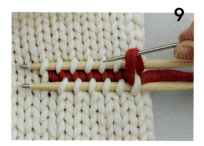

針にとった目を落とさないように気をつけて、ゆっくり別糸をほどく。

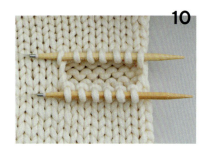

別糸をほどき終えたところ。下の針に6目、上の針に7目かかっていることを確認。

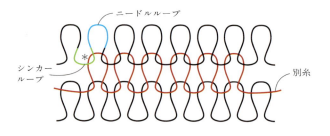

編み目のシンカーループ（下向きのループ）は、ニードルループ（上向きのループ）と違い、半目ずれる

> Memo　別糸は、編み地幅の3倍程度の長さで用意。同じ太さで滑りやすい糸がおすすめ。

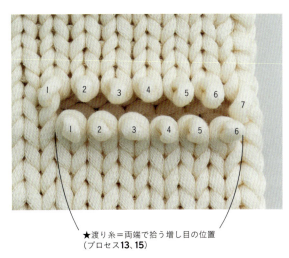

目の拾い方をおさらい

10で拾った目を確認しましょう（わかりやすくするため、針を外しています）。別糸の下の目（ニードルループ）は6目、上の目（シンカーループ）は半目ずれるため、1目多い7目になります。

★渡り糸＝両端で拾う増し目の位置（プロセス**13**、**15**）

拾い目

※わかりやすいように別糸を使っています

11 糸をつけて表目を編み始める。

12 下の6目が編めたところ。

13 端（写真は横向き）で目と目の間の渡り糸★を拾い、ねじり目を編んで増し目をする。これにより、上下の目の隙間を解消する。

14 上側に移って表目で編む（写真は**12**までと上下逆になっている）。

15 **13**と同様に★の渡り糸で増し目をして、1段編んだところ。両端で1目ずつ増えたため、針に15目かかっている。

16 そのままぐるぐる表目を編む。

> **Technique** 止め方 （編み目がほどけないように目を始末する方法）

◎伏せ止め…最も基本の止め方

1

表目を2目編む。

2

左針を1目めに入れ、2目めにかぶせる。

3

1目めの伏せ目ができたところ。これを繰り返し、1目編んでは、右の目を左の目にかぶせていく。

4

伏せ止めで1周したところ。

5

最後の目は糸を引き出して、糸端を10cmほど残して切る。

6

糸端をとじ針に通し、1目めのくさりの頭2本をすくう。

7
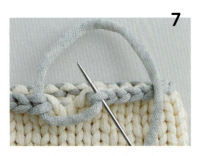
とじ針をもとの目に戻し入れ、糸を引く。

8

伏せどめの最初と最後の目がきれいにつながる。糸始末の仕方は49ページ。

※わかりやすいように別糸を使っています

◎1目ゴム編みの伏せ止め…1目ゴム編みの編み地で使用

前段が表目の場合は表目で編み、裏目の場合は裏目で編む。

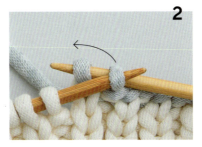

2目編んだら、1つ前の目に針を入れて、いま編んだ目にかぶせる。

伏せ目ができる。

次の目を1目編む（前段が裏目のため裏目を編む）。1つ前の目をかぶせる。

伏せ目ができる。

同様にして伏せる。最後は52ページの5～8と同様にする。

◎かぎ針の伏せ止め…かぎ針を使う伏せ止め

かぎ針を目の表から入れる。

糸をかけて引き出し、針のループに引き抜く。

引き抜いたところ。1目ずつ伏せていき、最後は52ページの5～8と同様にする。

止め方

Memo かぎ針の伏せ止めは手早く止められるため、目数が多い場合などに向いている。

Technique　はぎ方　(目と目のつなぎ方)

◎メリヤスはぎ(両方の目が針にかかっている状態)…メリヤス編み同士をつなぐ方法

1

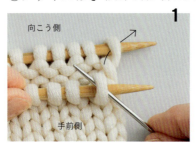

とじ針に糸を通し、手前側のいちばん端の目に裏から針を入れて表に出し、向こう側のいちばん端の目に裏から針を入れて表に出す。

目の表裏とは、針にかかっているループの向きが、編んできた側が右手前、これから編む側が左奥にある状態で、こちらが目の表で向こうが目の裏になる

2

手前側に戻り、いちばん端の目の表から針を入れて裏に出し、2番めの目の裏から針を入れて表に出す(外表)。

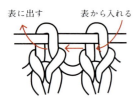

外表：1つめの目の表から針を入れ裏に出し、2つめの目の裏から針を入れて表に出す

3

糸を引き、向こう側のいちばん端の目の表から針を入れて裏に出し、2番めの目の裏から表に出す(外表)。

4

矢印のように針を通したところ。

5

手前側に戻り、2番めの目に表から針を入れ、3番めの目の裏から表に出す(外表)。

6

向こう側も隣り合った2目めと3目めに針を通す(外表)。このように隣り合う2目のペアに外表に針を通していく。

7

1つの目に2回ずつ糸を通し、2回めを通した目は棒針から外しながら、はいでいく。両端は、ペアの半分ずつになる。

Memo　メリヤスはぎは目立たず、伸縮性がある仕上がりに。必要な糸の長さは、編み地幅の約3.5倍。

※わかりやすいように別糸を使っています

◎メリヤスはぎ（両方の目を伏せ止めをした状態）…はぐ途中で目を落とす心配がなく、丈夫に仕上がる

編み地同士をつき合わせ、とじ針で、向こう側の伏せどめ（P.52）した目の上の2本をすくう。

手前側の2本をすくう。

交互に繰り返す。糸を引きすぎないように注意。

◎引き抜きはぎ…かぎ針を使って引き抜き編みの要領ではぐ

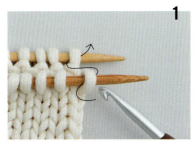

手前側の編み地の端の目と、向こう側の編み地の端の目に、かぎ針を入れる。

糸をかけ、一度に引き抜く。

1目編めたところ。

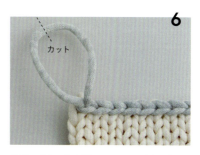

1番めの目と同様に、手前側の2番めの目と向こう側の2番めの目に、かぎ針を入れる。

糸をかけ、一度に引き抜く。以降もこれを繰り返す。

端まで編んだら針のループを引き出し、10cm程残してカットし、糸始末する（p.52）。

Memo　引き抜きはぎは、伸びにくい仕上がりになる。必要な糸の長さは、編み地幅の約5〜6倍。
編み地を中表にはぎ、表に返す場合もある。

◎ ガーターはぎ…ガータ編み同士をつなぐ方法

1

とじ針に糸を通し、手前側のいちばん端の目に裏から針を入れて表に出す。

2
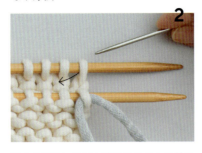
向こう側のいちばん端の目の表から針を入れ、裏に出す。

3

手前側に戻って、いちばん端の目に表から針を入れて裏に出し、2番めの目の裏から表に出す（外表→p.54）。

4
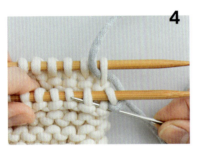
矢印のように外表に針を通したところ。

5

向こう側の端の目の裏から針を入れ表に出し、2番めの目の表から裏に出す（中表）。

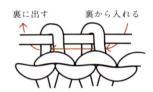
中表：1つめの目の裏から針を入れて表に出し、2つめの目の表から針を入れて裏に出す
裏目の場合でも、目の表裏の見分け方は同じ

6
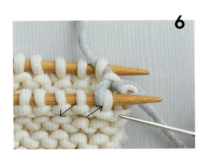
手前に戻って、**3**と同じ要領で、2番めの目に表から針を入れて裏に出し、隣の3番めの裏から表に出す（外表）。

7

外表に針を通したところ。このように手前は外表、向こう側は中表で針を通していく。

8

1つの目に2回ずつ糸を通し、2回めを通した目は棒針から外しながら、はいでいく。

Memo　メリヤスはぎと同様に目立たず、伸縮性がある仕上がりに。必要な糸の長さは、編み地幅の約3.5倍。

応用 (Technique) ゴム編み止め （伏せ止めより伸縮性のある仕上がりになるゴム編み止めの方法）

◎1目ゴム編み止め…1目ゴム編みの止めに使用

※写真は1周24目で説明しています。
わかりやすいように編み針を外しています。

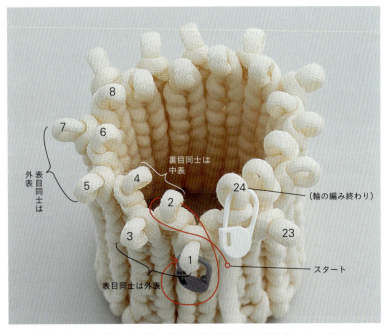

糸端をとじ針に通し、2の目の表から入れ（24＋2の半分*）、スタートする。1から順に（1＋3）→（2＋4）→（3＋5）→（4＋6）と、以降の目も表目（奇数）同士は外表に、裏目（偶数）同士は中表に糸を通す。2回めにとじ針を入れるタイミングで、編み針から目を外す。1周したら、（23＋1）→（24＋2）ととじ針を入れ、24の表から裏に出し（24＋2の半分*）、糸始末する。
*1周して2回目を通すとつながる

表目同士は外表に

表目の表から裏に針を入れ、次の表目の裏から表に出す（目の表と裏についての説明はp.54）。

裏目同士は中表に

裏目の裏から表に針を入れ、次の裏目の表から裏に出す（目の表と裏についての説明はp.54）。

完成したところ

1つの目に2回ずつ糸を通して1周し、最後の目に糸を通し終えた状態。止めた糸がハの字の形に並んでいる。

◎2目ゴム編み止め…2目ゴム編みの止めに使用

※写真は1周24目で説明しています。
わかりやすいように編み針を外しています。

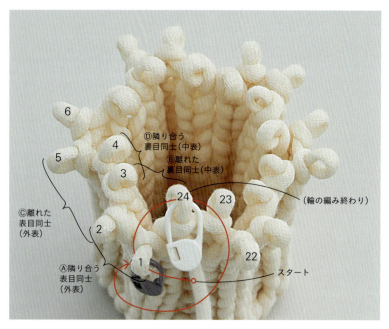

完成したところ

1つの目に2回ずつ糸を通して1周し、最後の目に糸を通し終えた状態。止めた糸がハの字の形に並んでいる。

糸端をとじ針に通し、1の目の裏から表に針を出し（22＋1の半分*）、24の表から裏に出して（23＋24の半分*）スタートする。
1から順に、1＋2（Ⓐ隣り合う表目同士）→24＋3（Ⓑ離れた裏目同士）→2＋5（Ⓒ離れた表目同士）→3＋4（Ⓓ隣り合う裏目同士）→と、以降の目もⒶ〜Ⓓを繰り返しながら、表目同士は外表に、裏目同士は中表に糸を通す。1つの目に2回ずつ針を通すが、目の表裏を間違えやすいため、編み針を外すタイミングに注意。4パターンのうち、Ⓒ、Ⓓはペアの右の目（1つめ）に針を入れると同時にその目は外して、左の目（2つめ）に針を入れる。注意したいのがⒶ、Ⓑで、Ⓐは、1つ前の裏目△（Ⓑの1目め）は外さないままⒶのペアの目に糸を通し、次のⒷで、残した△に針を入れると同時に外し、一緒に隣のⒶの右の表目も外す。
1周したら、（Ⓒ22＋1の半分*）→（Ⓓ23＋24の半分*）と糸を通し、裏で糸始末する。*1周して2回目を通すとつながる

以下の作品は伏せ止めしています。伏せ止めも伸縮性はありますが、ゴム編み止めするとより伸縮性のある縁になります。

◎最終段が1目ゴム編み

04 シンプルな
レッグウォーマー

11 イヤーウォーマーにもなるヘアバンド

17 腹巻スカート

↓

1目ゴム編み止め

◎最終段が2目ゴム編み

03 バイカラーの2way腹巻

19 足首あったかトレンカソックス

↓

2目ゴム編み止め

◎ Q&A…その他のテクニックや疑問を解決

Q1
同じ段で間違えた場合は？

A1
同じ段で間違えたことに
気づいた場合、
針に目をかけたまま
その目まで戻って
編み直します。

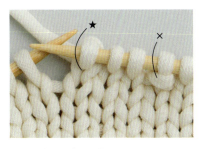

▲4目手前で裏目を編んでいる。

1　左針を前段の目★に入れてから、右針を抜き、糸を引いてほどく。これを繰り返し間違えた目まで戻る。

2　間違えた目に戻ったら、同様に前段の目に左針を入れ、ほどく。

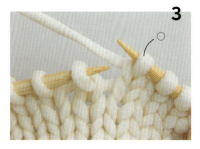

3　正しい目（写真は表目）に編み直す。再び、進行方向に編み進める。

Q2
前の段で間違えた場合は？

A2
前の段で間違えたことに
気づいた場合、同じ列だけほどいて、
かぎ針で編み直します。

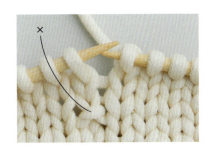

▲3段手前で裏目を編んでいる

1　間違えた場所と同じ列の目の手前まで編み、左針にかかった目を外す。

2　かぎ針や手で、間違えた段まで目をほどく。

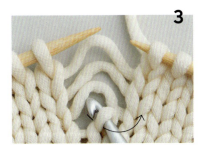

3　ループに表からかぎ針の先を入れ、上の段の渡り糸をかけて針のループから引き出す。

4　繰り返してもとの段まで戻る。

5　目の表裏を間違えないようにして左針に戻し、編み進める。

応用／Q&A

Q3
あると便利な道具は？

A3
40ページで紹介した基本の道具以外の、あると便利な道具をご紹介します。作品作りをサポートしてくれる道具を活用しましょう。
商品はすべてクロバー株式会社

◎棒針キャップ
（CLOVER LABO）

棒針の先にはめるゴム製のキャップ。Sサイズは0〜8号に、Lサイズは6〜15号の輪針や棒針に対応しています。

編みかけの針先にはめておけば、編み目を落とすのを防げる。持ち運ぶときにも安心。

◎ニッティングカウンター

段数を記録するのに便利。ダイヤルを回すと0〜99までカウントでき、棒針にも輪針にも使えます。

輪針に通してぶら下げておき、左針から右針に移すときにダイヤルを回すと窓の数字が変わって段数をカウントできる。

◎輪編みほつれ止

編み地のループにコードを通せば、編み針を外して目を休めることができます。ロング（輪の大きさの目安50〜100cm）とショート（輪の大きさの目安20〜50cm）の2種類があります。

輪針と同素材のコードの端にストッパーがついていて、輪にした状態でとめられる。サイズを確認するために試着するときにも便利。

> 63ページから
> 各作品の作り方の
> 説明になります。
> 以下の点もおさらい
> しておきましょう。

道具

◎使用する針の種類や長さ

本書の作り方ページでは、編み針は針の号数（太さ）だけ表記してあります。それは、p.4〜5のように、長めの輪針を使ってマジックループで編んでも、ジャストサイズの輪針で編んでも、4本針や5本針に分けて編んでも、作ることができるためです。

輪針は付け替えタイプや、手袋や靴下を編む25cm前後の短いもの、大きなウェアを編む100cm、120cmのものもありますが、よく使う長さは、40cm、60cm、80cmです。マジックループで編むには、編み地の直径より適度に長めのコードのほうが使いやすいので、本書では80cmの輪針をおすすめしています。80cmならマジックループでp.9リストウォーマーやp.38指輪のような小さな筒も編めますし、p.23ベストやp.17マーガレットといった大きなものを普通に編むこともできます。

増減なく単純に筒状のものを編むのであれば、マジックループよりもジャストサイズの輪針のほうがスムーズに編めます。この場合は、編み地の直径より少し短めのものを使います。

すると、編み地がぎゅっと詰まって針にかかった状態になり、編みやすいのです。

例えば、頭囲50cmの帽子を編むなら40cmの輪針が適しています。60cmの輪針では、針が中途半端に長すぎて編み地を引っ張らないといけなくなり、うまく編めません（しなやかな細いコードがついた60cmの輪針ならマジックループで編める場合もありますが）。

ただ、帽子のトップで減らし目をする場合には、40cmの輪針のままでは編めず、4本針や5本針に分けなければいけなくなります。そんなとき、80cmの輪針を使ってマジックループで編むなら、最初から最後まで1本で編めるのです。

編み方の癖や好み、糸の太さや作るアイテムにもよるので、適した針を選んで使い分けましょう。

◎マーカーの使い方

マーカーは、目数や段数を数えるのに役立つ道具です。作り目から輪にしたら、編み始めの位置と、半周の位置にマーカーをつけておきましょう。この2か所につけておけば、両脇の位置を見失わずに済みます。

脇→　　←脇
　　　　編み始め

帽子のように目数を等分して増し目や減らし目をするものは、増減する位置につけておきます。これは作り目80目で8カ所で増し目と減らし目をするベレー帽（p.30）の例です。

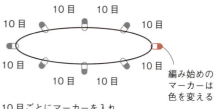

10目ごとにマーカーを入れ、
増し目・減らし目の目印にする

編み始めの
マーカーは
色を変える

また、目数が多めのものは、一周を等分して数目おきにつけておくと万が一、目を落としたりしたときに問題箇所を発見しやすくなります。段数マーカーとしても、数段おきにつけておけば段数を数えやすくなります。編み進めながら、ポイントになる位置にマーカーを付け加えたり移動したりしましょう。

でも、例えば単色で筒状に編むだけのネックウォーマーのように、中途半端な位置で編み終わっても問題ないものは、マーカーを使わずぐるぐる編んで糸を使い切ってしまっても構いません。そういう場合は、作り方解説の段数と多少違っても気にせず臨機応変に。

作り目

 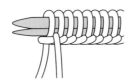

◎針の号数

編む針2本を揃えて作り目をすると緩すぎる、1本だときつすぎるというときには、図のように、編む針1本に、編む針の1/2程度の太さの針を添えてみましょう。
ちょうどいい太さの針がない場合は、竹串（1本で3号針くらいの太さです）などで代用しても。あるいは、編む針より少し太い針があれば、太い針1本で作り目をしてみましょう。いずれにしても、糸の引き具合に気をつけて目の大きさが揃うようにします。

◎あとでほどく別糸の作り目に使用する糸

「別糸で作り目をする」というときは、編む糸とは別の糸で、くさり編みで作り目をしますが、あとでほどきやすいように、滑りのよいコットンヤーンや、市販の「編み出し糸」を使います。
ウール糸の場合は、ストレートヤーンで、繊維が絡んで残っても目立たない同系色（とはいえ編み糸と区別がつくもの）を使うといいでしょう。なるべく編む糸と同じくらいの太さの糸を使いましょう。

止め・はぎ

◎必要な糸の長さ

編み終えたら、ほどけないように目を「止め」ますが、よく使う伏せ止めの場合、編み地幅の5倍程度の長さの糸が必要になります。
また、編み地の目と目をつなぎ合わせる「はぎ」をする場合には編み地幅の3.5倍、かぎ針を使う引き抜きはぎの場合は編み地幅の5〜6倍程度の長さの糸が必要になります。編み終えたときに残っている糸を、ほどよい長さにカットしてから、とじ針に通して行います。

【必要な長さの目安】

伏せ止め………編み地幅の約5倍
メリヤスはぎ…編み地幅の約3.5倍
ガーターはぎ…編み地幅の約3.5倍
引き抜きはぎ…編み地幅の約5〜6倍

サイズ調整

◎試着して調整する場合

スヌードなどは、多少サイズが大きくなったり小さくなったりしても着用できますが、帽子や手袋など、ぴったりサイズに仕上げたいものは、必ず途中で試着してチェックしましょう。
輪針のコードの長さに余裕があれば、針先に棒針キャップをつけて試着してもよいですが、編み地幅が広めで目数が多く、コードの長さに余裕がない場合には、滑りのよい別糸か、「輪針ほつれ止」(p.60)に目を移し、いったん針を外した状態で試着します。いずれの場合も目を落とさないよう慎重に。

◎作品と違う糸で作る場合

太さの違う糸を使う場合には、目数を調整してください。作品で使用した針の号数と、使う予定の糸のラベルに書いてある針の号数を比較して、細い糸を使う場合には目数を増やし、太い糸を使う場合には目数を減らします。筒状の編み地で、メリヤス編みや1目ゴム編みなら偶数の目数で、2目ゴム編みであれば4の倍数で、帽子などで例えば8か所で増し目や減らし目をするものは8の倍数で、目数を加減します。

p.9 WRIST WARMERS　きほんのリストウォーマー

01

糸	オリムパス ツリーハウス フォレスト〈101〉…40g(1玉)
道具	6号、とじ針
ゲージ	（10cm四方）メリヤス編み20目×25段
サイズ	直径16cm×長さ20cm

2枚編む

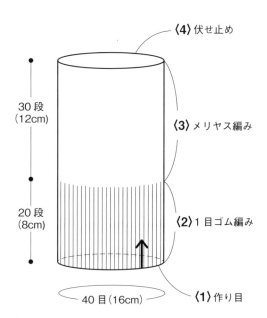

	段	目	編み方
〈4〉	—		1周伏せ止めする。
〈3〉	1〜30	40	メリヤス編みで30段編む。
〈2〉	2〜20		1目ゴム編みで20段めまで編む。
〈1〉	1		40目作り目をする。

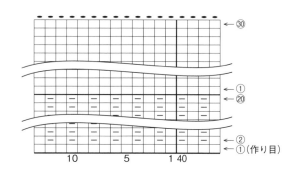

□=|1|…表目
|—|…裏目
▪…伏せ止め

p.10 NECK WARMER カシミヤのネックウォーマー
02

糸	パピー フォルトゥーナ〈2107〉…50g（2玉）
道具	6号、とじ針
ゲージ	（10cm四方）模様編み20目×24段
サイズ	直径60cm×長さ33cm

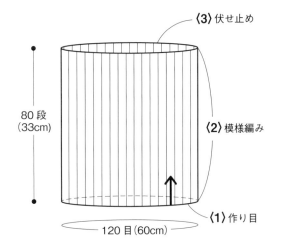

	段	目	編み方
〈3〉	—		1周伏せ止めする。
〈2〉	2〜80	120	模様編みで80段めまで編む。
〈1〉	1		120目作り目をする。

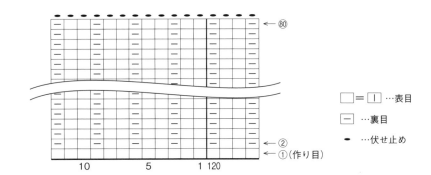

□ = | …表目
― …裏目
• …伏せ止め

p.11 BELLY BAND バイカラーの2way腹巻

03

糸	A糸 = DARUMA 手つむぎ風タム糸〈18 グリーン〉…30g（1玉）
	B糸 = DARUMA 手つむぎ風タム糸〈8 ディープブルー〉…30g（1玉）
道具	10号、とじ針
ゲージ	（10cm四方）2目ゴム編み16目×20段
サイズ	直径66cm×長さ24cm

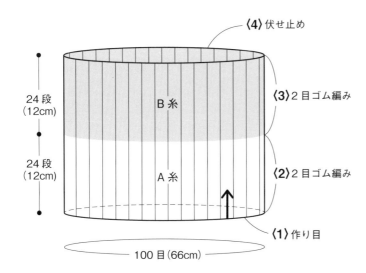

	段	目	編み方
〈4〉	―	100	1周伏せ止めする。
〈3〉	25～48		B糸に替え、2目ゴム編みで24段編む。
〈2〉	2～24		2目ゴム編みで24段めまで編む。
〈1〉	1		A糸で100目作り目をする。

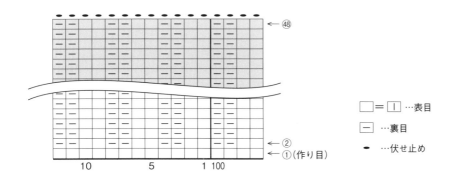

p.12 LEG WARMERS シンプルなレッグウォーマー
04

糸	オリムパス ツリーハウス リエット〈702〉…80g（2玉）
道具	6号、とじ針
ゲージ	（10cm四方）1目ゴム編み26目×25段
サイズ	直径23cm×長さ38cm

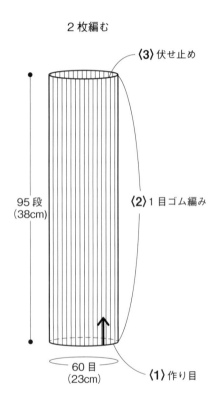

	段	目	編み方
〈3〉	—		1周伏せ止めする。
〈2〉	2～95	60	1目ゴム編みで95段めまで編む。
〈1〉	1		60目作り目をする。

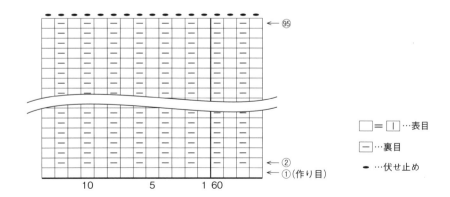

p.12 **BOOT COVERS** 2種類の糸で編むブーツカバー
05

糸	A糸＝ハマナカ ソノモノ アルパカリリー〈113〉…40g（1玉）
	B糸＝ハマナカ ソノモノ ループ〈52〉…80g（2玉）
道具	10号、とじ針
ゲージ	（10cm四方）A糸1目ゴム編み22.5目×25段
サイズ	直径20cm×長さ23cm

◉B糸はゆるみやすいため、きつめに伏せ止めする。

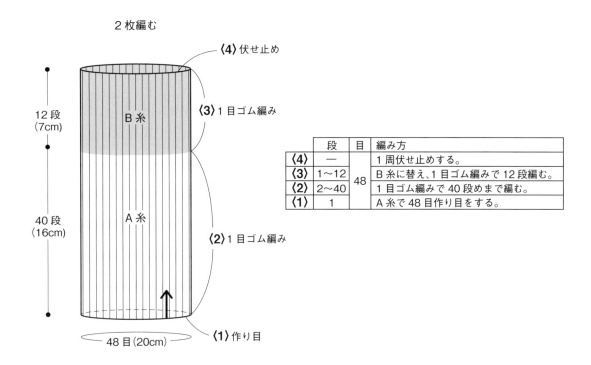

段	目	編み方
〈4〉	—		1周伏せ止めする。
〈3〉	1〜12	48	B糸に替え、1目ゴム編みで12段編む。
〈2〉	2〜40		1目ゴム編みで40段めまで編む。
〈1〉	1		A糸で48目作り目をする。

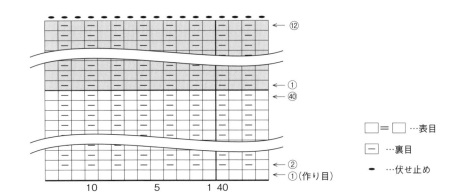

□＝□ …表目

― …裏目

● …伏せ止め

p.15 KNIT CAP トップを絞るだけのポンポンつきキャップ
06

糸	DARUMA ウールタム〈2 マリーゴールド〉…90g（1.9玉）
道具	12号、とじ針、クロバー スーパーポンポンメーカー65mm
ゲージ	（10cm四方）メリヤス編み25目×15段
サイズ	直径51cm×長さ34cm

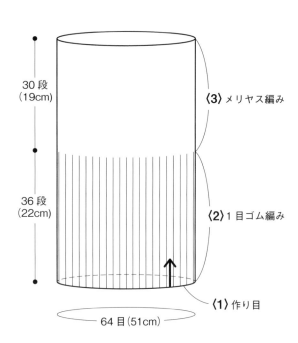

段	目	編み方
〈4〉	—	トップを絞る。
〈3〉	1〜30	メリヤス編みで30段編む。
〈2〉	2〜36	64	1目ゴム編みで36段めまで編む。
〈1〉	1	64目作り目をする。

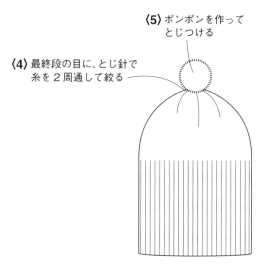

〈5〉ポンポンを作ってとじつける

〈4〉最終段の目に、とじ針で糸を2周通して絞る

[ポンポンの作り方]

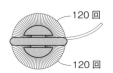

①スーパーポンポンメーカー（65mm）に上下120回ずつ巻く

②わを切る

③中心を結ぶ

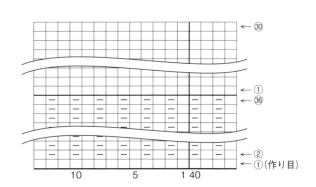

□ = 表目
— = 裏目

p.17 MARGARET BOLERO　ゆったり羽織れるマーガレット

07

糸	DARUMA ウールモヘヤ〈2 ベージュ〉…150g（7.5玉）
道具	12号、かぎ針7mm、とじ針
ゲージ	（10cm四方）メリヤス編み13.5目×12段
サイズ	直径190cm×長さ40cm

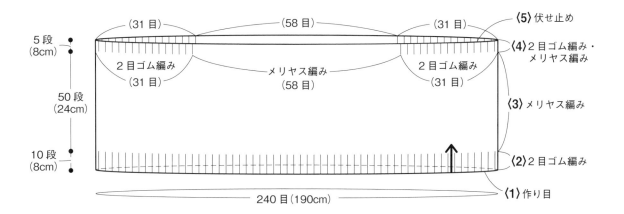

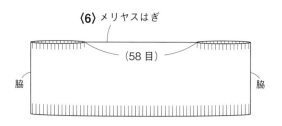

	段	目	編み方
〈6〉	―	116	中央のメリヤス編み部分をメリヤスはぎする。
〈5〉	―		1周伏せ止めする。
〈4〉	1～5		2目ゴム編みとメリヤス編みで5段編む。
〈3〉	1～50	240	メリヤス編みで50段編む。
〈2〉	2～10		2目ゴム編みで10段めまで編む。
〈1〉	1		240目作り目をする。

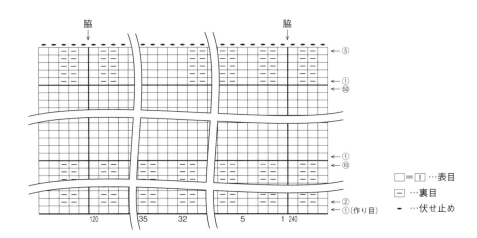

□=□…表目
□…裏目
▬…伏せ止め

p.18 CAT CAP & WRIST WARMERS 猫耳帽子とリストウォーマー
08

糸	A糸＝DARUMA ウールタム〈6 ダークグレー〉…50g（1玉） B糸＝DARUMA ウールタム〈5 ライトグレー〉…40g（0.8玉）
道具	12号、かぎ針10/0号、とじ針
ゲージ	（10cm四方）メリヤス編み12.5目×19段
サイズ	猫耳帽子　直径45cm×長さ21cm　リストウォーマー　直径18cm×長さ18cm

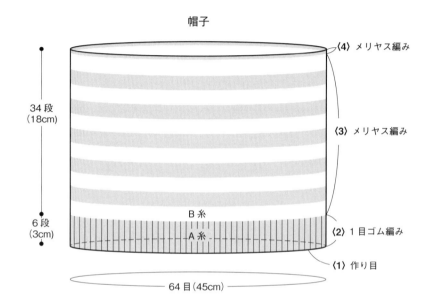

	段	目	編み方
〈5〉	—		トップ部分をA糸でメリヤスはぎする。
〈4〉	34		A糸に替えて、メリヤス編みで1段編む。
〈3〉	1〜33	64	B糸に替えて、3段ごとに糸を休ませながら色を替え、メリヤス編みで33段編む。
〈2〉	2〜6		1目ゴム編みで6段めまで編み、糸を休ませる。
〈1〉	1		A糸で64目作り目をする。

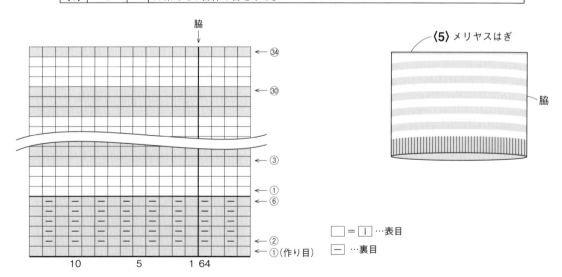

70

リストウォーマー（2枚編む） 　　　　　　　［ループの作り方］

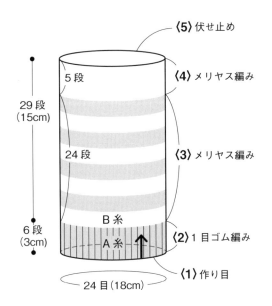
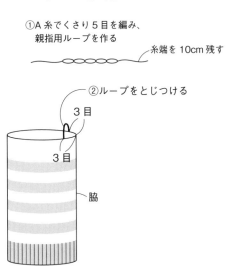

① A糸でくさり5目を編み、親指用ループを作る（糸端を10cm残す）
② ループをとじつける

	段	目	編み方
〈5〉	―		1周伏せ止めする。
〈4〉	25〜29	24	B糸でメリヤス編みを5段編む。
〈3〉	1〜24		B糸に替え、3段ごとに糸を休ませながら色を替え、メリヤス編みで24段編む。
〈2〉	2〜6		1目ゴム編みで6段めまで編む、糸を休ませる。
〈1〉	1		A糸で24目作り目をする。

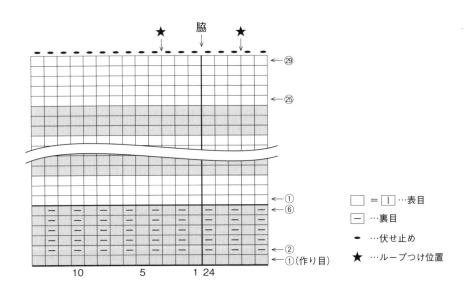

□ = │ …表目
― …裏目
・ …伏せ止め
★ …ループつけ位置

p.18 FLAT BAG 革持ち手つきフラットバッグ

09

材料	DARUMA ポンポンウール〈8 チョコレート×グリーン〉…85g（2.9玉）、革テープ9mm幅×70cm、手縫い用の麻糸（または太めの木綿糸）適宜
道具	10号、かぎ針10/0号、とじ針
ゲージ	（10cm四方）模様編み15目×24段
サイズ	直径56cm×高さ23cm

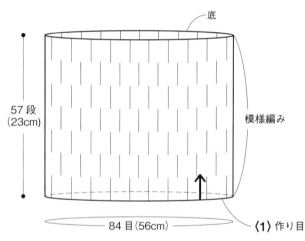

段	目	編み方
〈3〉	—	底を引き抜きはぎする。
〈2〉	2～57	84	模様編みで57段めまで編む。
〈1〉	1	84目作り目をする。

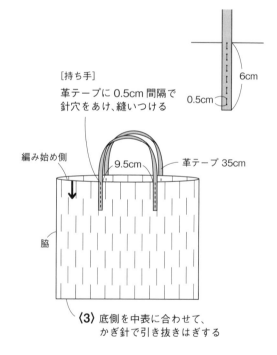

模様編み…8段ごとに、2目ゴム編みの表目と裏目を2目分ずらす

p.21 WRIST WARMERS 親指穴あきリストウォーマー

10

糸	DARUMA ギーク〈5 トマト×ブルー〉…25g（0.9玉）
道具	10号、とじ針
ゲージ	（10cm四方）メリヤス編み16.5目×22段
サイズ	直径16cm×長さ17cm

2枚編む

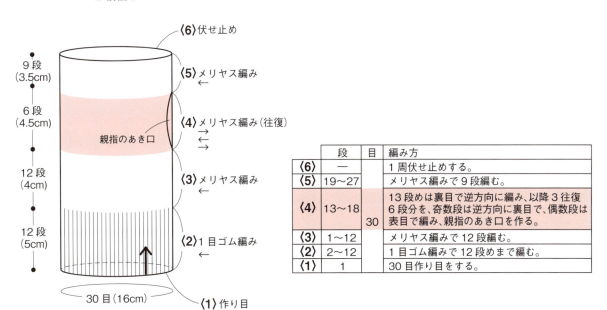

	段	目	編み方
〈6〉	—		1周伏せ止めする。
〈5〉	19～27		メリヤス編みで9段編む。
〈4〉	13～18	30	13段めは裏目で逆方向に編み、以降3往復6段分を、奇数段は逆方向に裏目で、偶数段は表目で編み、親指のあき口を作る。
〈3〉	1～12		メリヤス編みで12段編む。
〈2〉	2～12		1目ゴム編みで12段めまで編む。
〈1〉	1		30目作り目をする。

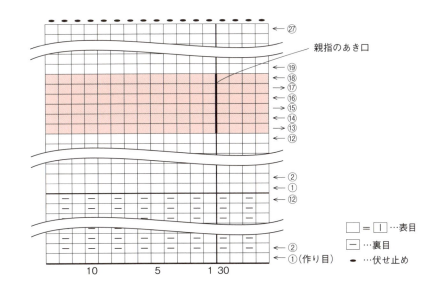

p.22 HAIR BAND　イヤーウォーマーにもなるヘアバンド

11

糸	DARUMA フロレット〈4 スチールグレー〉…20g（1玉）
道具	8号、とじ針
ゲージ	（10cm四方）1目ゴム編み 18目×22段
サイズ	直径50cm×10cm

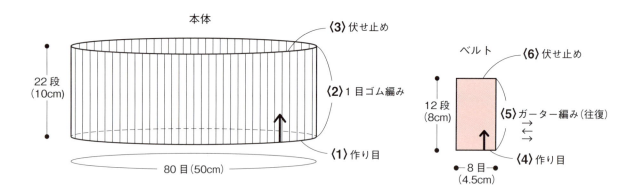

	段	目	編み方
〈3〉	—		1周伏せ止めする。
〈2〉	2〜22	80	1目ゴム編みで22段めまで編む。
〈1〉	1		80目作り目をする。

	段	目	編み方
〈6〉	—		伏せ止めする。
〈5〉	2〜12	8	ガーター編みで12段めまで往復に編む。
〈4〉	1		8目作り目をする。

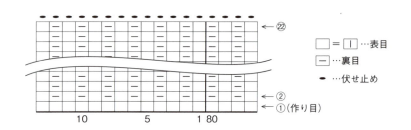

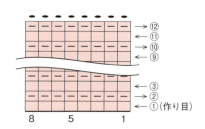

[仕立て方]

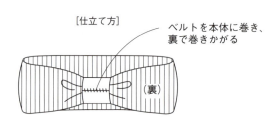

ベルトを本体に巻き、裏で巻きかがる

p.24 # CAGOULE 首から上を温めるカグール

13

糸	パピー ソフトドネガル〈5229〉…160g（4玉）
道具	10号、とじ針
ゲージ	（10cm四方）メリヤス編み13.5目×22段
サイズ	直径65cm×長さ55cm

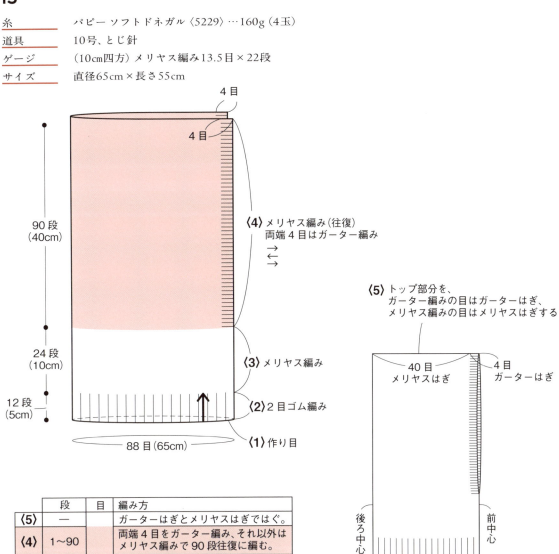

	段	目	編み方
〈5〉	—		ガーターはぎとメリヤスはぎではぐ。
〈4〉	1〜90		両端4目をガーター編み、それ以外はメリヤス編みで90段往復に編む。
〈3〉	1〜24	88	メリヤス編みで24段編む。
〈2〉	2〜12		2目ゴム編みで12段めまで編む。
〈1〉	1		88目作り目をする。

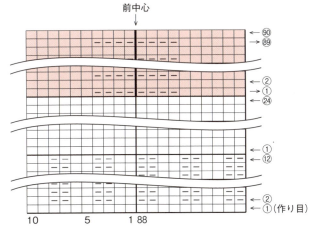

□=[1]…表目
[−]…裏目

p.23 VEST ボートネックのベスト

12

糸	オリムパス ツリーハウス リーブス〈10〉…270g（6.8玉）
道具	8号、とじ針
ゲージ	（10cm四方）メリヤス編み16.6目×22段
サイズ	直径100（身幅50）cm×長さ56.5cm

◉前後身頃は同型のため、どちらを前に着てもよい。

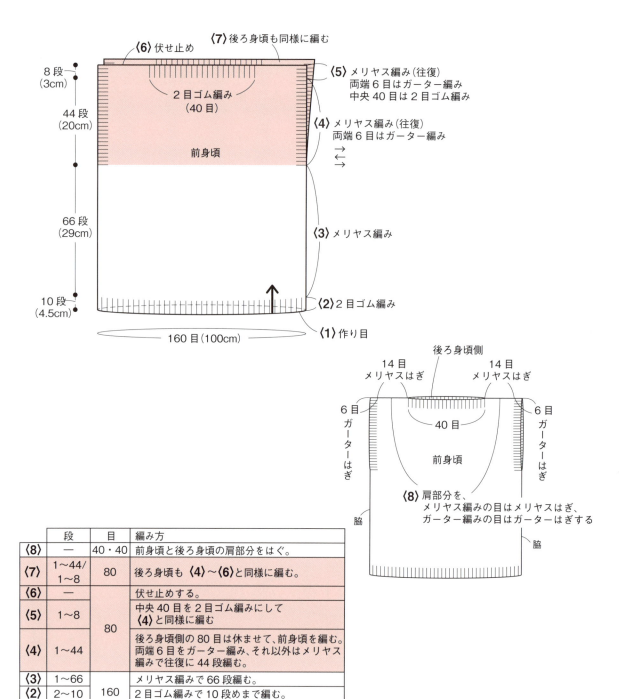

	段	目	編み方
〈8〉	—	40・40	前後身頃と後ろ身頃の肩部分をはぐ。
〈7〉	1～44/1～8	80	後ろ身頃も〈4〉～〈6〉と同様に編む。
〈6〉	—		伏せ止めする。
〈5〉	1～8	80	中央40目を2目ゴム編みにして〈4〉と同様に編む
〈4〉	1～44		後ろ身頃側の80目は休ませて、前身頃を編む。両端6目をガーター編み、それ以外はメリヤス編みで往復に44段編む。
〈3〉	1～66	160	メリヤス編みで66段編む。
〈2〉	2～10		2目ゴム編みで10段めまで編む。
〈1〉	1		160目作り目をする。

76

〈1〉～〈4〉

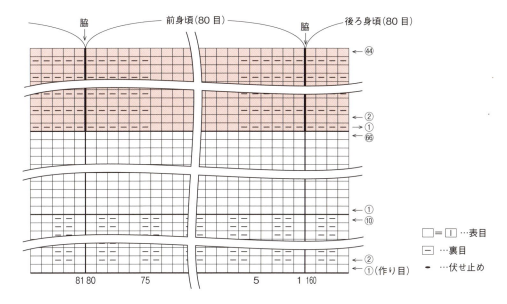

〈5〉前身頃・後ろ身頃共通　袖ぐりのガーター編みと、衿ぐりのゴム編み位置

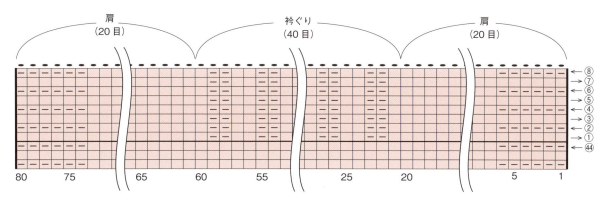

p.26

SNOOD 往復編みのロングスヌード

14

糸	DARUMA LOOP〈5 グレー〉…90g（3玉）、別糸…約100cm
道具	14号、かぎ針7mm、とじ針
ゲージ	（10cm四方）ガーター編み9.6目×18段
サイズ	直径100cm×幅24cm

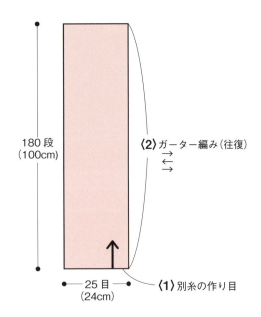

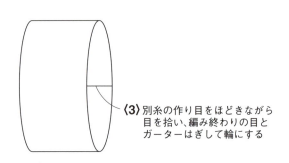

段	目	編み方
〈3〉	—	ガーターはぎする。
〈2〉	2～180	25	ガーター編みで往復に180段編む。
〈1〉	1	別糸の作り目を25目拾う。

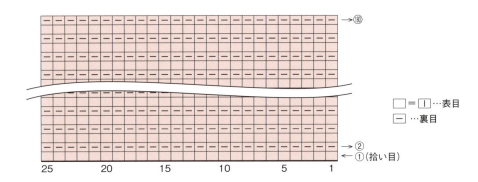

□ = ① …表目
— …裏目

78

p.29 **KNIT CAP** トップを減らし目して絞る帽子

15

糸	A糸=パピー ブリティッシュエロイカ〈116〉…50g（1玉）
	B糸=パピー ブリティッシュエロイカ〈143〉…50g（1玉）
道具	8号、とじ針、クロバー スーパーポンポンメーカー65mm
ゲージ	（10cm四方）2目ゴム編み26.5目×14段
サイズ	直径51cm×長さ20cm

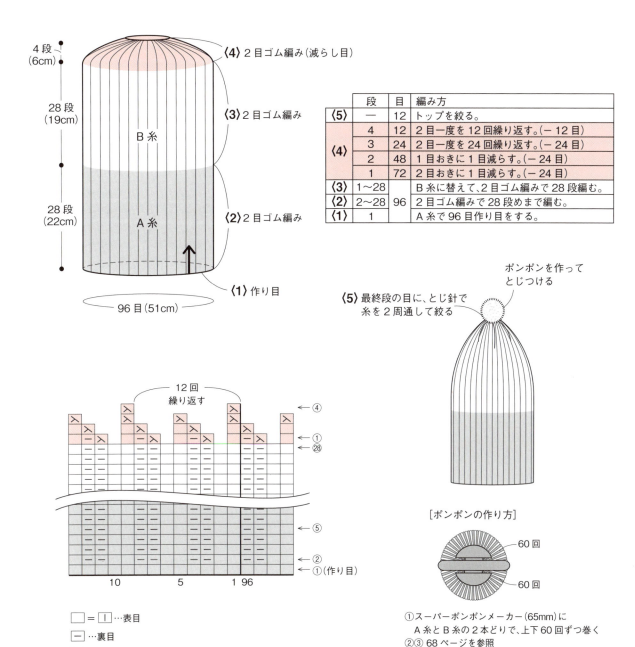

□ = │ …表目
− …裏目
⤫ …右上2目一度

p.30 BERET 増やして減らしてベレー帽
16

糸	パピー ソフトドネガル〈5214〉…60g（1.5玉）
道具	8号、とじ針
ゲージ	（10cm四方）メリヤス編み15目×25段
サイズ	直径（頭囲）54cm×高さ24.5cm

●メリヤス編みの1段目で10目ごとに8個マーカーをつけておくと増し目、減らし目の位置を迷わずに済む。

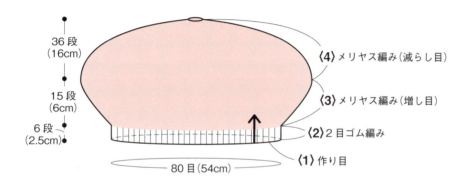

	段	目	編み方
〈5〉	―	8	トップを絞る。
〈4〉	40～51	48～8	2段ごとに減らし目をしながらメリヤス編みで編む。（－48目）
	16～39	112～56	3段ごとに減らし目をしながらメリヤス編みで編む。（－64目）
〈3〉	1～15	88～120	3段ごとに増し目をしながらメリヤス編みで編む。（+40目）
〈2〉	2～6	80	2目ゴム編みで6段めまで編む。
〈1〉	1		80目作り目をする。

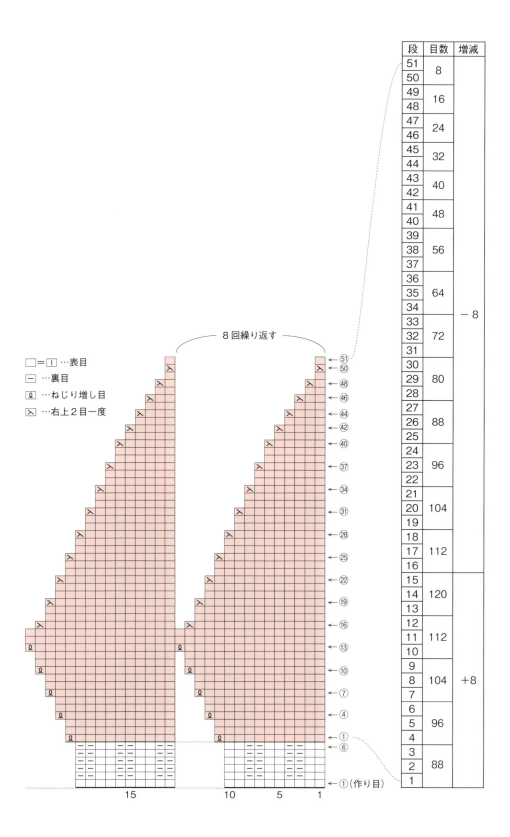

p.31 SKIRT 腹巻スカート

17

糸	A糸＝DARUMA フォークランドウール〈5 ダークグレー〉…50g（1玉）
	B糸＝DARUMA ポンポンウール〈1 アイボリー×グレー〉…220g（4.4玉）
道具	8号、10号、とじ針
ゲージ	（10cm四方）メリヤス編み15目×21段
サイズ	直径（胴囲）64cm×長さ55cm

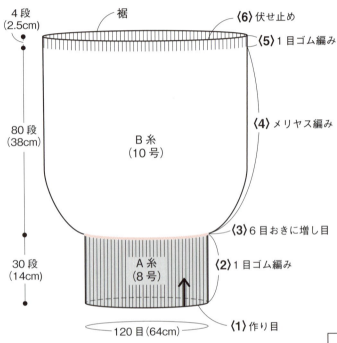

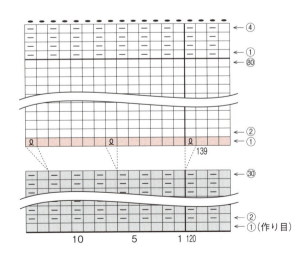

段	目	編み方
〈6〉	―	1周伏せ止めする。
〈5〉	1～4	1目ゴム編みで4段編む。
〈4〉	2～80	140	80段めまでメリヤス編みで編む。
〈3〉	1	B糸（10号）に替え、6目おきに、増し目1回を20回繰り返しながら表目で編む。
〈2〉	2～30	120	1目ゴム編みで30段めまで編む。
〈1〉	1	A糸（8号）で120目作り目をする。

□＝|…表目
―…裏目
Ω…ねじり増し目
•―…伏せ止め

82

p.32 SOCKS 重ね履きしたいルームソックス

18

糸	A糸＝ハマナカ メンズクラブマスター〈77〉…50g（1玉） B糸＝ハマナカ ソノモノ アルパカウール〈46〉…80g（2玉） 別糸…約120cm
道具	8号、とじ針
ゲージ	（10cm四方）2目ゴム編み20目×21段
サイズ	直径20cm×長さ25cm

●別糸の編み込み方や目の拾い方は、p.50「拾い目」を参照。

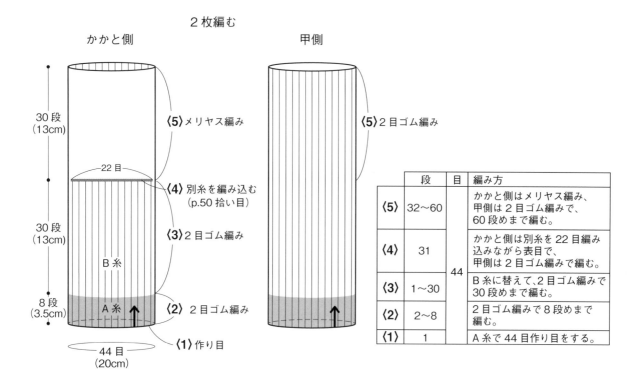

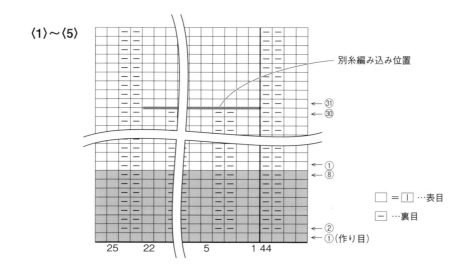

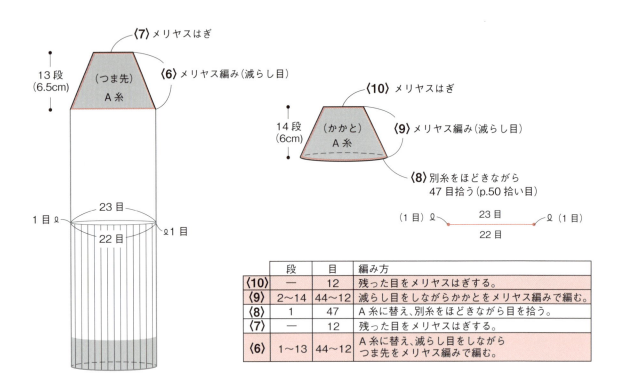

段	目	編み方
⟨10⟩	―	12	残った目をメリヤスはぎする。
⟨9⟩	2～14	44～12	減らし目をしながらかかとをメリヤス編みで編む。
⟨8⟩	1	47	A糸に替え、別糸をほどきながら目を拾う。
⟨7⟩	―	12	残った目をメリヤスはぎする。
⟨6⟩	1～13	44～12	A糸に替え、減らし目をしながらつま先をメリヤス編みで編む。

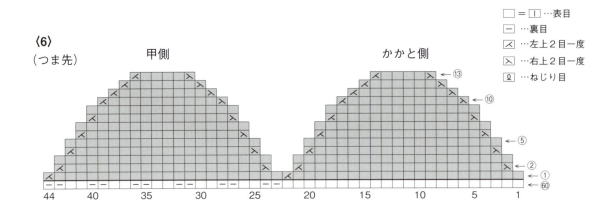

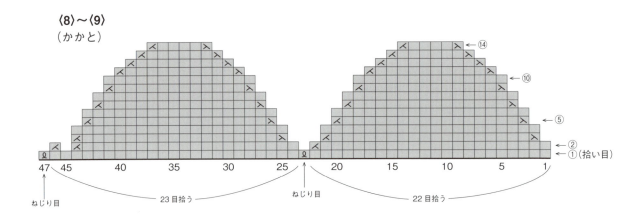

p.32

SOCKS 足首あったかトレンカソックス
19

糸	ハマナカ ソノモノアルパカウール〈48〉…80g（2玉）、別糸…約120cm
道具	8号、とじ針
ゲージ	（10cm四方）2目ゴム編み20目×21段
サイズ	直径20cm×長さ21.5cm

◉別糸の編み込み方や目の拾い方は、p.50「拾い目」を参照。

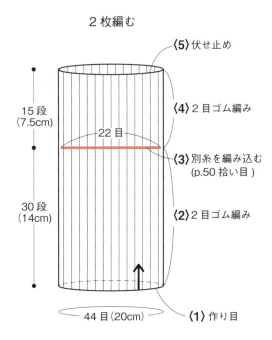

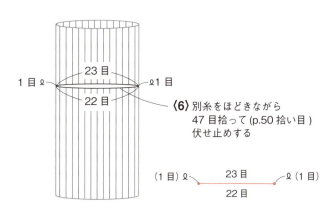

	段	目	編み方
〈6〉	—	47	別糸をほどきながら目を拾い、かかと部分を伏せ止めする。
〈5〉	—		1周伏せ止めする。
〈4〉	32～45		2目ゴム編みで45段まで編む。
〈3〉	31	44	かかと側に別糸を22目編み込みながら2目ゴム編みで編む。
〈2〉	2～30		2目ゴム編みで30段めまで編む。
〈1〉	1		44目作り目をする。

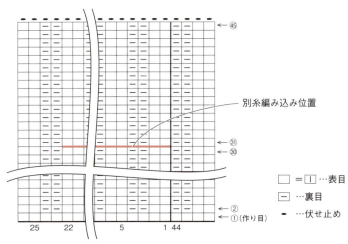

□ = ① …表目
− …裏目
● …伏せ止め

85

p.34 ROOM SHOES ポンポンつきルームシューズ

20

糸	[紺]	A糸=DARUMA　チップスパイラル〈5 ネイビーベース〉…60g（2玉）、 B糸=DARUMA　原毛に近いメリノウール〈19 キャロット…〉5g（0.2玉）、 別糸…約180cm
	[グレー]	A糸=DARUMA　チップスパイラル〈2 ライトグレーベース〉…60g（2玉）、 B糸=DARUMA、原毛に近いメリノウール〈7 ディープブルー〉…5g（0.2玉）、 別糸…約180cm
道具		8号、かぎ針8/0号、クロバー　スーパーポンポンメーカー35mm
ゲージ		（10cm四方）ガーター編み15目×30段、メリヤス編み16目×25段
サイズ		長さ24cm

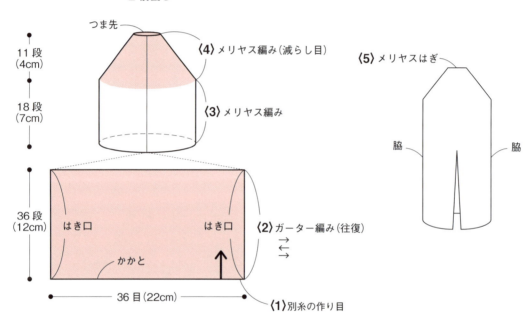

	段	目	編み方
〈5〉	―	12	残った目をメリヤスはぎする。
〈4〉	1～11	24～12	減らし目をしながら、メリヤス編みで編む。(－24目)
〈3〉	1～18	36	輪編みにして、メリヤス編みで18段編む。
〈2〉	2～36	36	ガーター編みで、36段めまで往復に編む。
〈1〉	1	36	別糸で36目作り目をし、編み糸で目を拾う。

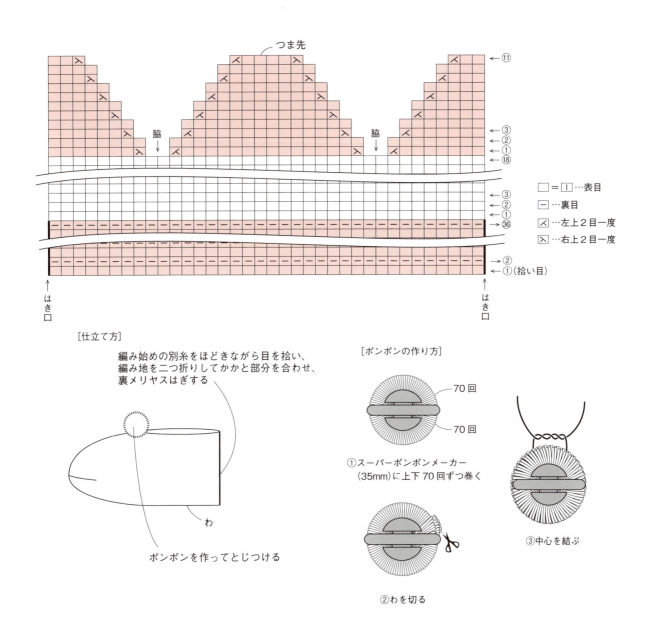

p.38 RING 指輪

25

糸	DARUMA 鴨川 #18 〈105 茜〉〈108 ねずみ〉…各1g
道具	0号、とじ針

段	目	編み方
〈3〉	—	1周伏せ止めする。
〈2〉	2〜8	20	メリヤス編みで8段まで編む。
〈1〉	1	20目作り目をする。

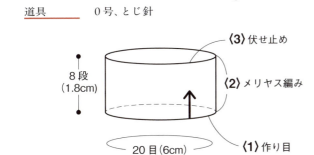

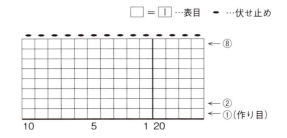

p.35 MITTENS 紐つきミトン

21

糸	DARUMA メランジスラブ〈4 グラスグリーン〉…80g（2玉）、別糸…約50cm
道具	14号、かぎ針10/0号、とじ針
ゲージ	（10cm四方）メリヤス編み13目×21段
サイズ	直径（手のひら周り）30cm×長さ26cm

◉別糸の編み込み方や目の拾い方は、p.50「拾い目」を参照。

左右対称に2枚編む

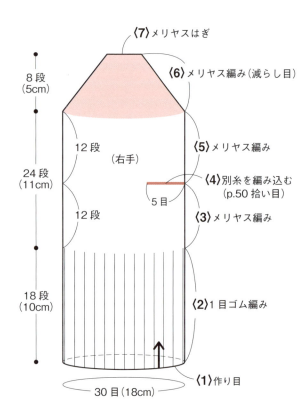

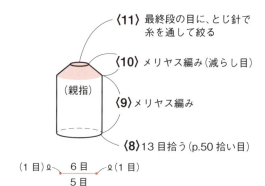

	段	目	編み方
〈11〉	—	7	先端を絞る。
〈10〉	12	7	減らし目しながらメリヤス編みで編む。
〈9〉	2～11	13	メリヤス編みで11段めまで編む。
〈8〉	1	13	別糸をほどきながら13目拾う。

	段	目	編み方
〈7〉	—	6	残った目をメリヤスはぎする。
〈6〉	1～8	30～6	両脇を減らし目しながらメリヤス編みで編む。（－24目）
〈5〉	14～24	30	メリヤス編みで24段めまで編む。
〈4〉	13		親指部分に別糸を5目編み込みながら表目を編む。
〈3〉	1～12		メリヤス編みで12段編む。
〈2〉	2～18		1目ゴム編みで18段めまで編む。
〈1〉	1		30目作り目をする。

⟨1⟩～⟨6⟩

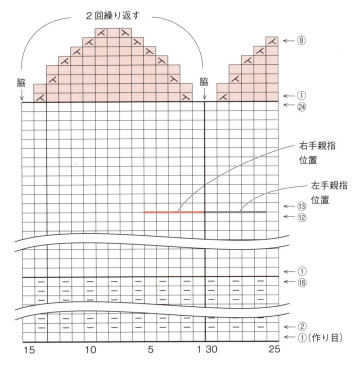

⟨8⟩～⟨10⟩

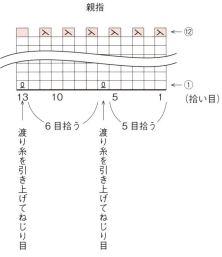

□=|…表目　⊼…右上2目一度
－…裏目　⊼…左上2目一度
　　　　　Ω…ねじり目

[仕立て方]

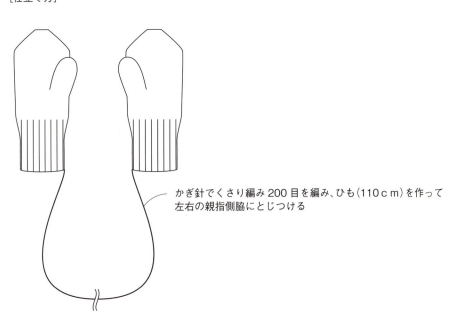

かぎ針でくさり編み200目を編み、ひも（110cm）を作って左右の親指側脇にとじつける

p.37 GLOVES 手首長めの5本指手袋

22

糸	DARUMA エアリーウールアルパカ〈10 ネイビー×きなり〉…50g（1.7玉）、別糸…約30cm
道具	4号、とじ針
ゲージ	（10cm四方）メリヤス編み20目×31段
サイズ	直径（手のひら周り）18cm×長さ31cm

◉別糸の編み込み方や目の拾い方は、p.50「拾い目」を参照。

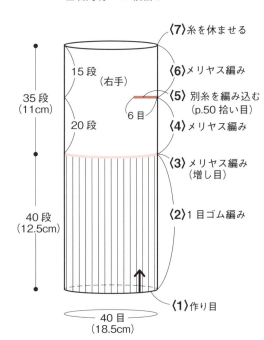

段	目	編み方
〈9〉	1〜24	15	別糸をほどきながら目を拾い、親指をメリヤス編みで編む。
〈8〉	1〜24/30	12/14	糸をつけて小指〜中指を編み、休ませた糸で人さし指をメリヤス編みで編む。
〈6〉〈7〉	22〜35	42	メリヤス編みで35段めまで編み、糸を休ませる。
〈5〉	21		親指部分に別糸を6目編み込みながら表目を編む。
〈4〉	2〜20		メリヤス編みで20段めまで編む。
〈3〉	1		両脇で増し目をして表目を編む。（+2目）
〈2〉	2〜40	40	1目ゴム編みで40段めまで編む。
〈1〉	1		40目作り目をする。

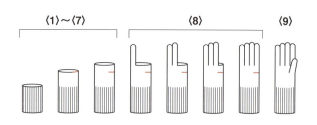

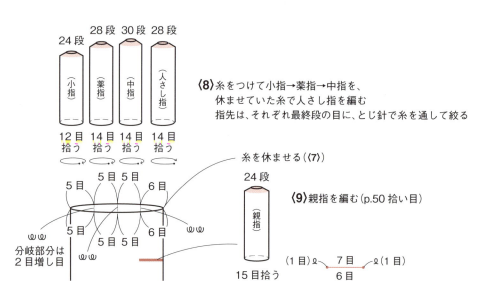

〈8〉糸をつけて小指→薬指→中指を、
休ませていた糸で人さし指を編む
指先は、それぞれ最終段の目に、とじ針で糸を通して絞る

〈9〉親指を編む（p.50 拾い目）

⟨1⟩〜⟨7⟩

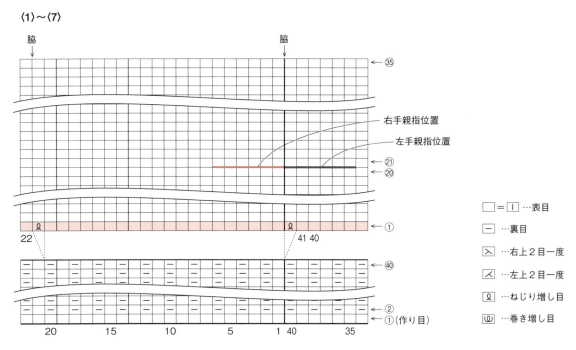

⟨8⟩〜⟨9⟩

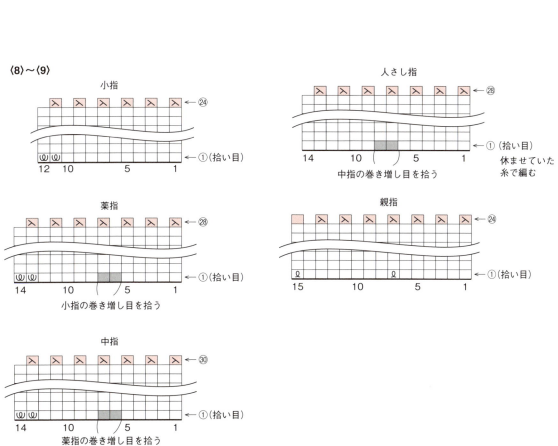

p.37 GLOVES 指先オープンの5本指手袋

23

糸	A糸 = DARUMA　エアリーウールアルパカ〈11　チョコレート〉…25g（0.9玉）
	B糸 = DARUMA　エアリーウールアルパカ〈3　ブラウン〉…20g（0.7玉）
	別糸…約30cm
道具	4号、とじ針
ゲージ	（10cm四方）メリヤス編み20目×31段
サイズ	直径（手のひら周り）18.5cm×長さ26cm

◉別糸の編み込み方や目の拾い方は、p.50「拾い目」を参照。

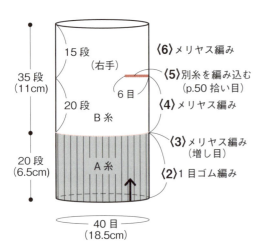

	段	目	編み方
〈8〉	1～24	15	A糸をつけて、別糸をほどきながら目を拾い、親指をメリヤス編みで編む
〈7〉	1～24/30	12/14	A糸をつけて小指～人さし指をメリヤス編みで編む。
〈6〉	22～35	42	メリヤス編みで35段めまで編む。
〈5〉	21		親指部分に別糸を6目編み込みながら表目を編む
〈4〉	2～20		メリヤス編みで20段めまで編む。
〈3〉	1		B糸に替え、両脇に増し目をして、表目を編む。（+2目）
〈2〉	2～20	40	1目ゴム編みで20段めまで編む。
〈1〉	1		A糸で40目作り目をする。

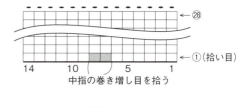

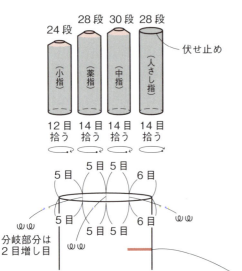

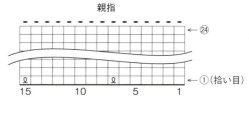

〈8〉A糸で親指を編む（p.50 拾い目）

KNITTED TOY 手袋の要領で、あみぐるみ

24

糸	DARUMA ウールタム
	〈1 きなり〉…100g（2玉）、〈6 ダークグレー〉適宜、〈5 ライトグレー〉適宜、〈2 マリーゴールド〉適宜
	別糸…約30cm
道具	ポリエステルわた…60g、直径0.9mmアルミワイヤー…25cm
ゲージ	（10cm四方）メリヤス編み12.5目×20段
サイズ	体長50cm

●別糸の編み込み方や目の拾い方は、p.50「拾い目」を参照。

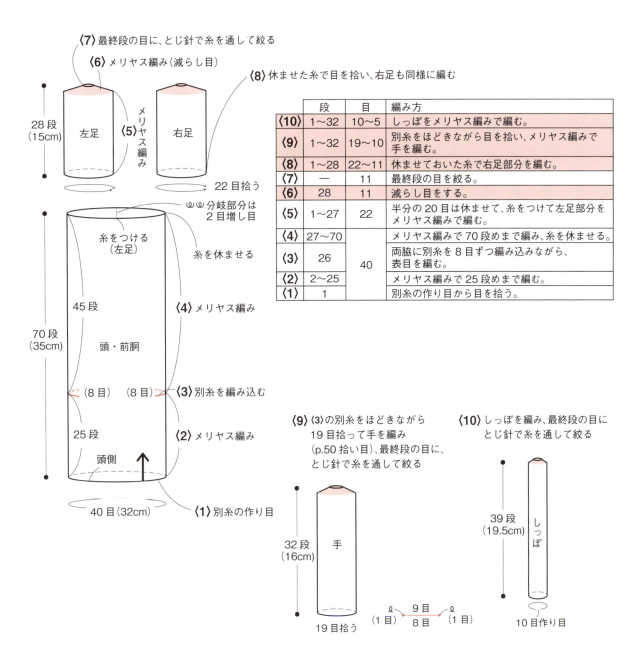

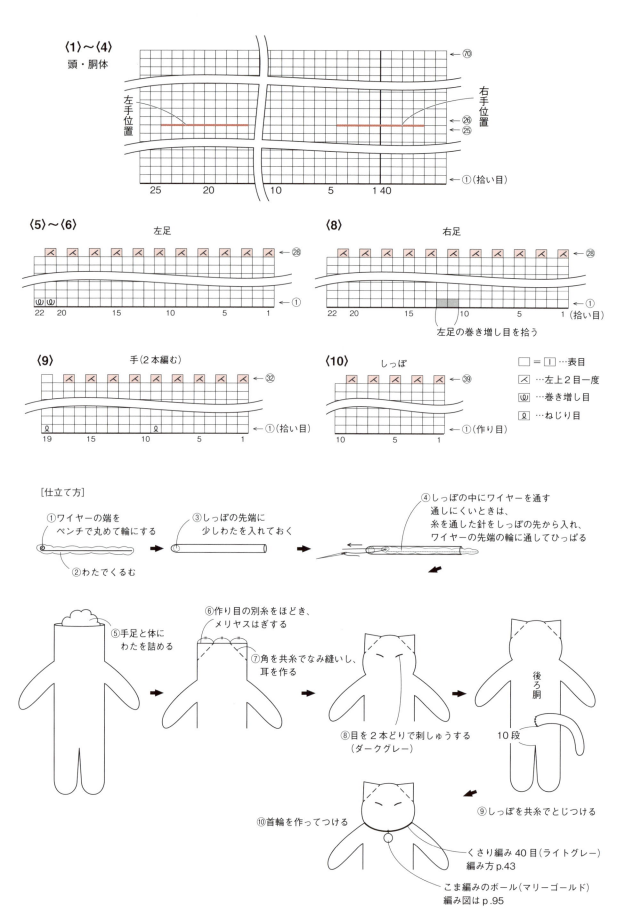

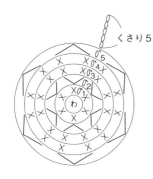

くさり5目

段数	目数	増減
5	6	-6
4	12	なし
3	12	なし
2	12	+6
1	6	—

5段めから続けて、くさり5目を編む
とじ針で5段めの外側半目を一周拾い、
中に共糸を詰めて、引き絞る
くさり5目を首輪に通して
端をボールにとじつける

 わの作り目

①左手の人さし指に軽く2回巻きつける

糸玉側

②針に糸をかけて引き出す

糸端

③糸をかけて引き抜く

④立ち上がりのくさり1目めが編める

⑤輪の中に針を入れ、糸をかけて引き出す

⑥再び糸をかけて、引き抜き、こま編みを編む

⑤同様にして、輪の中に必要な目数を編み入れる

❶外側の糸が引き締まるまで内側の糸を引く
❷糸端を引く
⑥糸輪を引き締める

⑦1目めの頭2本に針を入れて引き抜き1段めの完成

✕ 細編み

①針を入れる

立ち上がりのくさり1目
※目数に数えない

②糸をかけて引き出す

③再び糸をかけて引き抜く

①〜③を繰り返す

 細編み2目編み入れる

①細編み1目を編み、同じ目に針を入れる

②同じ目に細編み2目を編み入れた状態

 細編み2目一度

①糸をかけて引き出した状態で（未完成の細編み）、②次の目からも糸を引き出し（未完成の細編み）、一度に引き抜く

越膳夕香
（こしぜん ゆか）

北海道旭川市出身。雑誌編集者を経て、作家に。
布小物、ニット小物、革小物などの作品を手芸書に
発表する傍ら、フリースタイル手芸教室「xixiang
手芸倶楽部」を主宰。ヴォーグ学園東京校、横浜
校ほか、各所でのワークショップを通じて、暮ら
しの中で使えるものを自分仕様で作る楽しさを伝
えている。著書『がまぐちの本』（河出書房新社）、
『今日作って、明日使える 手縫いの革小物』（マイ
ナビ出版）、『バッグの型紙の本』『がまぐちの型紙
の本』『ファスナーポーチの型紙の本』（以上、日本
ヴォーグ社）、『猫と暮らす手づくり帖』『ボールと
リングとサークルのアクセサリー』『長編み練習
帖』（エクスナレッジ）など多数。

はじめての輪針
ぐるぐる編めばできる
ウォーマーから手袋まで

2024年10月2日　初版第1刷発行

著　者　越膳夕香
発行者　三輪浩之
発行所　株式会社エクスナレッジ
　　　　〒106-0032 東京都港区六本木7-2-26
　　　　https://www.xknowledge.co.jp/
問合わせ先
　　　　［編集］
　　　　TEL 03-3403-6796
　　　　FAX 03-3403-0582
　　　　info@xknowledge.co.jp
　　　　［販売］
　　　　TEL 03-3403-1321
　　　　FAX 03-3403-1829

無断転載の禁止
本書の内容（本文、図表、イラスト等）を当社および著作権者
の承認なしに無断で転載（翻訳、複写、データベースへの入力、
インターネットへの掲載等）、本書を使用しての営利目的で
の制作（販売、展示、レンタル、講演会）を禁じます。

○材料、道具提供　※五十音順

オリムパス製絲株式会社
愛知県名古屋市東区主税町4-92
TEL 052-931-6679
https://olympus-thread.com

株式会社 ダイドーフォワード　パピー
東京都千代田区外神田3-1-16
TEL 03-3257-7135
https://www.puppyarn.com/

クロバー株式会社
大阪府大阪市東成区中道3-15-5
TEL 06-6978-2277
https://clover.co.jp/

ハマナカ株式会社
京都府京都市右京区花園薮ノ下町2-3
TEL 075-463-5151（代）
http://hamanaka.co.jp

メルヘンアート株式会社
東京都墨田区横網2-10-9
TEL 03-3623-3760
https://www.marchen-art.co.jp

横田株式会社・DARUMA
大阪府大阪市中央区南久宝寺町2-5-14
TEL 06-6251-2183
http://daruma-ito.co.jp

○衣装協力

Véritécoeur　TEL 092-753-7559
・タートルネックセーター（¥18,000）… p.10
・ハイネックリブニット（¥20,000）… p.10～11, 38～39
・パンツ（¥26,000）、ニット（¥18,000）… p.11
・パンツ（¥32,000）… p.16～17
・ワンピース（¥32,000）… p.21
・タートルネックセーター（¥18,000）… p.21, 35
・シルクコート（¥56,000）… p.22, 26～27
・コート（¥56,000）… p.30, 35

THE DEARGROUND　TEL 0555-73-8845
・ブーツ（¥63,000）／R&D.M.Co-… p.13
・Tシャツ（メンズ¥15,000）、エプロン（¥11,000）
　／R&D.M.Co-… p.16～17, 24～27
・パジャマジャケット（¥48,000）、
　パジャマパンツ（¥46,000）／R&D.M.Co-… p.18, 23
・ストライプトートバッグ（¥12,000）／R&D.M.Co-… p.23
・コーデュロイジャケット（¥46,000）／R&D.M.Co-… p.33
・デニム（¥27,000）／R&D.M.Co-… p.33, 35